说到点上

王专 著

中信出版集团｜北京

图书在版编目（CIP）数据

说到点上 / 王专著 . -- 北京 : 中信出版社，
2023.12
ISBN 978-7-5217-5332-5

Ⅰ.①说… Ⅱ.①王… Ⅲ.①人际关系－口才学－通俗读物 Ⅳ.① C912.13-49

中国国家版本馆 CIP 数据核字 (2023) 第 205741 号

说到点上
著者：　　王　专
出版发行：中信出版集团股份有限公司
　　　　　（北京市朝阳区东三环北路 27 号嘉铭中心　邮编　100020）
承印者：　三河市中晟雅豪印务有限公司

开本：880mm×1230mm 1/32　印张：10.5　　字数：210 千字
版次：2023 年 12 月第 1 版　　　印次：2023 年 12 月第 1 次印刷
书号：ISBN 978-7-5217-5332-5
定价：59.00 元

版权所有·侵权必究
如有印刷、装订问题，本公司负责调换。
服务热线：400-600-8099
投稿邮箱：author@citicpub.com

目录

把话说到位，成长具有更多可能性 / 俞敏洪 ... V

打破口才的刻板印象 ... IX

战胜心魔：赋予自己改变和行动的勇气 ... XI
改变思路：舌灿莲花不等于会说 ... XVII
明确目标：真正的会说能解决问题 ... XXVI

"会说三角"打破成长瓶颈 ... 001

摆脱说话模板，避免僵化口才 ... 004

巧用模块组合，逐步提升口才 ... 005
利益三角：精准定位对话切入点 ... 008
内容三角：高效搭建对话核心内容 ... 019
表达三角：从容设计职场对话表达 ... 031
"职场会说"九问 ... 039

利益三角是对话指南针 ... 043

解决问题：对话前搞清楚自己要什么 ... 048
他人利益：通过利他来利己 ... 057
言行一致：通过信任降低对话难度 ... 099
超越方法的是人心 ... 104

内容三角是对话发动机 ... 109

吸引抬头的优秀策略 ... 112
赢得点头的实战方法 ... 132
得到行动的具体方式 ... 165

最重要的是基本功 ... 171

第四章

表达三角是对话加油站 ... 173

清晰简洁 ... 176

情绪安全 ... 204

人际勇气 ... 227

沟通学不是讨好学 ... 247

第五章

实战演练：多场景中灵活运用会说三角 ... 249

三步运用法 ... 251

工作汇报场景演练 ... 252

劝说上级改变主意场景演练 ... 258

开展培训场景演练 ... 265

接手新团队场景演练 ... 273

处理冲突场景演练 ... 284

序言

把话说到位，成长具有更多可能性

俞敏洪　新东方创始人

王专又出新书了，邀请我作序言。我实在太忙了，顾不上看。可是面对王专诚挚的邀请，我着实不忍心拒绝，就在路上抽时间看了下，一看书名，《说到点上》，我觉得挺有意思。而看到内容，又有意外之喜。

新东方成立三十多年来，出现过很多口碑很好、很会讲的老师。没办法，因为业务的关系，一方面要满足教课要求，另一方面要接受学生和家长的反馈，老师们需要不断地提升自己讲的水平。所以，会讲，在新东方团队里可以说很常见。但真正想要讲好，学会在他人面前说话，并不是一件容易的事，需要日复一日不断锻炼、反思、提升的循环过程。而想把讲好的方法再讲好、讲清楚，就需要下更多的功夫。

王专走出校园后就进入了新东方，经历过工作的"摧残"，他进步很快，在新东方内部选择培训师的时候，他脱颖而出，后来专门负责培训新东方老师。经过这样的过程，他对于沟通方法可以说心得颇深，也可以说积累许久。这么多年来，从教师到培训师，从学校到集团总部，从一线岗位到管理岗，从教学管理到运营管理，从线下业务操盘手到新业务开拓的牵头人，他成长得非常快。这一方面得益于他很能吃苦，愿意学习、钻研；另一方面也得益于他的沟通能力。每次做工作汇报时，他都讲得特别简洁而又清晰，没有那么多花里胡哨的渲染，却能跟大家打成一片，事半功倍，这就是说到点上的效果。

我跟很多学生讲过，在成长的道路上，我们需要学会讲故事，学会演讲，学会在他人面前说话。这点之所以重要，是因为讲故事是我们能力和思想的表达，是我们吸引他人的一种方式，也是我们想象力、语言能力的一种证明。一个人如果会讲话、会讲故事、会表达自己，就更容易被别人接受，同时也更容易把事情做成。

我管理新东方这么多年，对于这点非常清楚。在面试员工时，如果他表达得磕磕巴巴、不流畅，说话没有逻辑，表情僵硬，手足无措……那么，他被录取的可能性非常小。当然，在这个过程当中，我也遇到过很多能说会道的求职者，但能说会道并不意味着会被录取。一来，有些求职者能说会道，却废话居多，没啥重点，讲的跟我们想要了解的没啥关联；二来，通过语言表达，我们往往能看到一个人的做事风格、知识宽度、未来潜力，可能会发现那个求职者与我们的岗位需求并不十分匹配。

所以，表达到位很关键，如果能让别人感觉到你表达的每句话都是到位的，那么，面试你的人就愿意给你这份工作。

王专在书里把他的沟通方法归结为"会说三角"，实际包括三个三角形：利益三角、内容三角、表达三角。这个利益三角挺有意思，王专还针对职场利益总结了一个非常详细的表格，犹如掀开了遮挡视线的薄纱，看起来更加清晰。有人的地方，就有利益问题。我们可以说人跟人之间都是有感情的，也可以通过友情来做事情，还可以无偿去帮助别人，但从本质上来说，只有把利益的问题摆正了，人与人之间的友情才能长久，把利益考量清楚了，人跟人之间的沟通才更容易有成效，做事也更容易成功。这其实也是一个坦诚问题。它能带来的一个好处就是大大降低了人与人之间的沟通成本。因为大家知道，做事情最大的成本往往就是沟通成本，而沟通不顺畅又会引起其他成本的增加。

此外，言行一致是关键，也是我在做人做事当中秉持的一贯原则。说话办事，就是一个人终身的无形账户。生活工作不是一锤子买卖，而是个长期博弈的过程。如果每次说的话都落不到实处，那么之后不管你说得多好听，可信度都会打个折扣，因为以往的言行已经让你有了不靠谱的标签，别人不会再把重要的事、重要的机会交给你。

当然，表达方式也是有技巧的。我们常常看到有人觉得自己很坦诚、很可信、很厉害，当别人"腻腻歪歪"、做的事情让自己不舒服的时候就抑郁，就直接反驳别人，甚至不把别人"顶到墙角"就不罢休。也许这些人说的是对的，他们对对方的判断也是正确的，但是一旦说出来，捅破这层窗户纸的话，跟对方的关系就会立刻陷入特别复杂的状态。也就是说，如果你做事情不给别人留情面的话，以后别人做事情也不会给你留情面。所以即使你本人很坦诚、很可信，你也要依靠良好的表达方式，依然要讲究技巧，要让人感到非常舒服，只有这样才能长久。如果你是一个管理者，很坦诚，当你的下属有错误或缺点时，你根本不顾下属的面子，直接就把它说出来了，而且态度还不友好，甚至当着所有人的面把别人批评得体无完肤，这样就等于不给人情面，也不给别人回旋的余地，结果只会更糟糕。

所以，说话虽然是我们每个人每天都在做的事，但却是充满艺术和技术的事情。如果把这件事情做好，个人无疑就获得了成长加速器，做事会事半功倍，生命由此获益。

王专的这本书，很有理科生的风范，直白精炼，充满干货，但却难得地还保留了幽默感，看完有助于建设自己说话办事的底层思维逻辑。在整个生命长河里，有了这样的能力，成长也的确具备了更多可能性。本书值得一读。

前言

打破口才的刻板印象

2019年，新东方年会上的一首改编歌曲《释放自我》爆红网络，歌词道出多少职场人的心酸。

干活的累死累活，有成果那又如何，到头来干不过写PPT的，要问他业绩如何，他从来都不直说，掏出那PPT一顿胡扯。

别人的歌曲终究还是唱出了自己的悲伤。职场中，多少人都有类似的体会：会做的输给了会说的，看着自己的汗水浇灌别人的花朵，真心不好受。光芒被遮盖，好运被掩埋，并非自己所愿。辛辛苦苦大半年，一次汇报回从前。汇报时，思路讲不清，成果道不明，索然无味，别人听了，反倒觉得毫无成果。

为何别人出口成章，自己讲话舌头打结？

为何别人口若悬河，自己却支支吾吾？

为何别人讲话赢得大家一致认可，自己说完听众满脸问号？

更痛苦的是，自己又拉不下脸，做不了那"嘴上抹蜜"的人，打心里看不上耍嘴皮子的行为，真心不想"同流合污"。

想要，又瞧不起，左右为难。

呜呼哀哉！

这该如何是好？

为找到破解之道，这里要提出一个新词——知识的刻板印象。所谓刻板印象，就是指人们对某个事物形成了一种固化认知，并把这种认知推而广之，认为这类事物都具有该特征，却忽视了个体差异。比如很多西方人对东方人有刻板印象，认为所有东方人数学都很好，个个都像书呆子。身在中国，我们自然知道事实并非如此，伶牙俐齿、体格健硕的比比皆是。虽然大家都是中国人，但个体之间的差异也是巨大的。

对于"口才"二字，很多人也被刻板印象限制了，认为口才好就只有一种情况，忽略了口才好的表现有很多种。这种有倾向性的固有认知让他们不敢接近口才，甚至认为口才与自己毫不相干。打破知识的刻板印象，才能揭开知识的真相；打破口才的刻板印象，才能揭开口才的真相。

这也是本书前言的意义所在：让你认识不一样的口才。

战胜心魔：赋予自己改变和行动的勇气

要学习"会说"，先要重新认识"会说"。

如果心里觉得会说不如会做，觉得会说很低级，那么学习表达时自然打不起精神。因为受过花言巧语的伤，自然不屑于与之为伍，这是人之常情，但把"会说"与花言巧语画等号，却不恰当，就好像我们不能说"做事"就等同于磨洋工，这样的理解过于狭隘了。

剑可杀人，也可以救人，全在持剑人。学的是名门正派，还是歪门邪道，也在持剑人。心中有魔，万物皆魔；心中有佛，万事可活。

会说不是花言巧语，会说不是溜须拍马，会说更不是信口雌黄。

会说和会做是做事的两个侧面，切不可将其对立起来。会说和会做的关系更像人的左腿和右腿的关系，左右交替，才能大步向前。单腿蹦也可以前行，但太累，速度也慢。马拉松路程虽长，用双脚跑完的大有人在，单腿蹦完的却很罕见。工作中想做成事，用双腿跑比用单腿蹦更好。

说和做，不是一种道德选择，它们是工作中两个自然的部分。

会说是工作成果的显示器

一台台式计算机，主机性能固然重要，但若要使其充分发挥作用，显示器必不可少。显示器是使用人与主机互动的窗口，在显示器的帮助下，人们才能看见主机的运行结果。哪怕就是一个小小的计算器，也会配一个小小的显示屏，用于显示运算结果。

如果用计算机类比一个人的工作，"会做"是主机性能优秀，代表一个人有强大的做事能力，"会说"是显示器效果好，能够让他人清晰地看到工作成果，两者配合，效果最佳。如果只有主机，而不配显示器，那么主机运行结果无法显示；如果只有显示器，但没有主机，我们看到的就只是一个黑屏。职场中，聪明人不是在"会说"和"会做"之间做取舍，而是将两者相结合。

有些朋友工作时不善言辞，会因此遇到不少困难。辛苦一年，勤勤恳恳，早出晚归，话说得很少，事做了很多，想着这样能给领导留下一个务实的好印象。可是一次领导谈话让自己崩溃了，领导居然不知道自己具体都在干什么，似乎还有很多担忧。

郁闷的我们可能会想："领导难道是瞎子，看不到我的付出和努力吗？"

其实不是他瞎，而是我们的工作变成了盲盒。

计算机拼命运行，但是没有配显示器，结果当然看不到，人们看不到结果，第一反应可能是："机器没有运行吗？"没有显示器的计算机就是一个盲盒，别人只能猜测主机运行的结果。

做而不说，工作就变成了没有显示器的盲盒。

如果一个领导只管一个员工，打开一个盲盒不难。可是如果要打开 50 个盲盒，信息的缺失就足够让人抓狂。管理者要边工作，边去开盲盒，有的盲盒开出成果，有的开出错误，有的开出麻烦，劳神，费心。

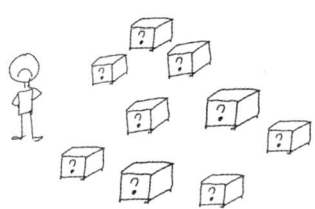

一个优秀的职场人，应该主动为自己的工作配备"显示器"，让别人清晰地看到发生了什么，而不是把工作变为"盲盒猜猜猜"。会说不是投机取巧，会说恰恰是对别人负责。

不用担心工作是不是已经开展了，让我主动告诉你。

不用担心项目是不是会逾期，让我主动告诉你。

不用担心成果是否做出来了，让我主动告诉你。

你放心，我的"主机"配了"显示器"。

会说是团队协作的联结器

团队和团伙不一样，团伙看似人多，遇事往往是一盘散沙；团队则不然，成员之间有效沟通，紧密互联，高效协作。失去了彼此的联结，团队就降级为团伙。每个人都是孤军奋战，即使百人也是团伙；成员彼此紧密配合，三人虽少，也是团队。

会说恰恰是团队协作的联结器。

有些朋友工作习惯不太好，平时不太愿意跟各个团队互动，有事情不愿意开口，也不晓得如何开口，总是想想就算了。慢慢地，大家有事情也不再找他，怕他嫌麻烦。如果平时开会再表达不畅，跟人起了争端，就更是雪上加霜。久而久之，周围人会觉得这个人不好沟通，慢慢就躲开了。这样，他就变成了"工作独行侠"。

工作中最需要的是结网者，而不是独行侠。

打个比方，钓鱼爱好者用钓竿去钓鱼，自然也可以有收获；但是出海的渔船更喜欢用网，而不是用钓竿，用网打上的鱼要多很多，这就产生了工作量级上的差异。好的团队联结成网，作战能力才会更强。

每个人都是工作网络中的一个节点。节点之间要联结起来，互相传递信息、传递资源、紧密配合。这时这张网才结实，才能一网打上来很多大鱼。

沉默寡言不代表做事能力强，可能是自己与大部队失联了。

一个人可以走得快，一群人可以走得远。想做大事，一定要与别人联结。想做的事情越大，越需要与他人联结，这样才能借力而行，团队作战，而不是孤军远行。

强如白起，行军作战也需要后方的粮草配合；神机妙算的诸葛亮也不可能仅靠自己打赢一场仗，他能稳坐中军帐，是因为有其他人在外奔波，与之配合。想成事，就需要配合，配合自己的人越多，自己的实力就越强大，能做成的事也会越大。想做到这一点，会说是重要技能。

有时候，衡量一个人的工作水平，可以去看有多少高水平的人愿意配合他。与他配合的高手越多，说明这个人的水平越高。厉害的人能发动更多人一起战斗，单枪匹马很难做成大事。

会说，并不是高情商地和大家处好关系。

会说，可以增强节点之间的联结，实现多人协作，高效作战。

会说，可以让更多高手与自己配合，强上加强。

会说的人善于通过沟通为自己的工作结网。

会说是管理团队的指挥器

一个坦克军团外出作战，每辆坦克都是一个利器，但要是指挥官和所有坦克失去了联系，后果不堪设想，很有可能全军覆没。指挥官的话语对整个坦克军团有着超强影响力。在职场中也是如此，对于管理者来说，会说未必是花言巧语，可能是发出清晰的作战指令，是团队的指挥器。

有些人当了管理者后依然喜欢独来独往，平时不愿意说话，几个月不和团队深入交流，当真是神龙见首不见尾。这样的领导虽看似自在，却不是合格的管理者。

管理者不说，团队会很迷茫。他们想知道团队的战略是什么，目标是什么，工作思路是什么。没有清晰的指令，大家只能自顾自做着手头的事情，不知团队要去往何方，甚至会担忧团队的命运。

管理者不说，团队的成果会缺少光芒。团队成员希望管理者多对外展示大家的工作成果，那些熬过的夜不能白费，那些流过的汗不应该白流。如果管理者信奉的是沉默是金，大家则看不到希望，会觉得自己的成果被故意雪藏了，甚至开始怀疑管理者不希望大家出人头地。

管理者不说，团队得不到足够的火力支援。团队工作会遇到很多困难，有些流程很难走，有些资源不到位，大家都希望管理者能去沟通，去争取。有些难题只有管理者出面才能解决。

管理者也许会以为自己的沉默寡言是务实，但团队会觉得管理者该说话的时候选择沉默是不负责，不够进取，甚至是不合格的。

电视剧《亮剑》中的李云龙打仗是好手，敢于冲锋陷阵，但这不耽误他用好自己的"嘴"。团队没有士气时，他要说；团队没有思路时，他要说；团队没有资源时，他还要说。

乔布斯是众所周知的产品高手，但不要忘了，他还是一个非常会说的人。苹果公司的产品发布会影响全球，很多人都是从乔布斯的演说中感受到了苹果产品的魅力。有了乔布斯的发布会，苹果团队的工作成果能够更好地展现在客户眼前。这时的会说不是花言巧语，而是实实在在的工作。

管理者需要"会做",管理者也需要"会说"。

真正的务实是:敢于张嘴,要到资源;敢于讲清思路,推动团队打胜仗;敢于讲解,展示团队辛辛苦苦做的成果。

亲爱的朋友,从此刻起,我衷心希望你能战胜心魔,挥别心灵的羁绊,不再将表达与行动对立起来。让我们正视会说的价值,珍视言辞的力量,在个体工作、多人合作及团队管理中,尽情展现自己的口才。强扭的瓜不甜,学习口才也是如此。战胜心魔,才能捋顺心态,后续的学习才会更加顺利。

改变思路:舌灿莲花不等于会说

知道了会说的重要性是好事,但如果学错了方向,就变成好心办坏事了。职场中的会说有其独特性。

演说大赛的冠军未必是职场中会说的人,"脱口秀大王"未必是职场中会说的人,酒桌上谈笑风生的人也未必是职场中会说的人。

想会说是好事,但如果走错了路就误了前程。职场上的会说与传统意义上的口才有很大的不同,想走正路,要先建立正念。

会说不是能忽悠

学习会说,不要学习忽悠。忽悠或许可以在短期内奏效,长期看却会给个人口碑带来负面影响。职场沟通不是只玩一次的游戏，而是多次博弈，每次积攒的口碑都会对未来产生影响。面对多次博弈，要学会算总账，通过忽悠赢一两次未必划算，忽悠终究不是长久之计。

某些景区的饭店为什么喜欢宰客？因为景区饭店和食客之间是单次博弈的关系。既然只有一面之缘，何不多骗一些？单次博弈的思维很容易扰乱人的心智，让人做出很多不合规的举动。

然而，小区旁边的早餐店却不敢这样做。它们的生意依靠回头客，早餐店与客人之间是多次博弈的关系。彼此之间经常打照面儿，生意讲究的是常来常往，如果有一两次被欺骗，客人可能不会再光顾，甚至会向周围的人提出警告，让大家远离这家早餐店，从而整体影响老板的生意。

同样，在职场，同事之间长期相处，经常协作。如果这次你侥幸成功忽悠了别人，下次呢？对方还会相信你的高谈阔论吗？对方还会愿意跟你继续合作吗？

职场中的会说，玩的是多次博弈，算的是总账。

纵使我们偶尔心生邪念，也要警醒自己，靠忽悠不可能做得长久。

如果学会算总账，很多朋友会发现：正路其实比邪路更好走。

会说跟演讲口才不一样

2022年9月7日晚，六神磊磊做客东方甄选直播间，董宇辉主持，俞敏洪作陪。当晚的聊天很精彩，三人表现俱佳。结束时，评论区纷纷留言：请求拖堂。好多人没听够，意犹未尽。在带货直播间看到这样的聊天着实不易。六神磊磊说了下面一番话。

> 你有没有这种感觉，不管在哪个时代，给那些成功的人的东西太多了，鲜花、掌声、荣誉、奖牌，还有爱情。就连爱情都是不公平的，如果他是个总裁，他谈恋爱的时候不讲道理，就是霸道总裁。如果你是一个普通人，你谈恋爱的时候不讲道理，那你就活该单身。但是唐诗平等地对待每一个人，唐诗平等地做每一个人的代言人。不管谁走到唐诗里，唐诗都微笑着告诉你："你是对的。"比如我碰巧事业做得好，唐诗里有"满堂花醉三千客，一剑霜寒十四州"。如果我碰巧这几天就想躺平，不想干活，唐诗说"今朝有酒今朝醉，明日愁来明日愁"。你还是对的。唐诗从不告诉你什么是对的，因为你自己的生活方式就是正确的。

这番话看似随意，却显功底。才从口出，此为口才，积累多年，瞬间迸发，征服听众。

人们提及口才好时，往往会想到以下场景。

> 面对观众，淡定自如地讲脱口秀，逗得大家哈哈大笑。

面对上万人，能够侃侃而谈，流利演讲，引得掌声不断。

面对镜头，毫不慌张，流利讲解，大秀才华。

面对辩友，慷慨陈词，据理力争，驳得对方哑口无言。

对于口才，这其实就是刻板印象。口才好其实有多种表现形式。上面提及的口才更像是演讲口才，而不是职场中的会说。形容一个人演讲口才好，往往会用到下面这些词：满腹经纶、引经据典、口若悬河、侃侃而谈、出口成章，等等。但职场中的会说跟这些词关系并不大。日常工作中我们需要的是会说，而不是口才，需要的是对话的能力，而不是成为演讲大师。认清这一点，能够消除很多误解和困惑，在学习之路上也能少走一些弯路。

区别一：目的不同

一个好的演讲或动听，或有趣，或感人，但工作中的会说志不在此。传统口才更多追求的是现场效果，而职场会说注重的是实际结果。职场中的会说不是为了好听，而是为了解决问题，能解决问题才是真正会说。

如果团队士气低落，通过与每个人进行单独交流，清晰地解释未来的行动计划，让大家看到发展的希望，这是会说。此时，没有公众演讲，没有令人捧腹的笑话，只有一对一的推心置腹，却解决了最终的问题，这是职场中的会说。

如果另外一个部门一直不配合，资源到位不及时，通过与对方部门领导的沟通，让对方感受到了尊重，同时合理地介绍了利益分配机制，对方表示满意，后续配合及时、给力，这是职场中的会说。没有高谈阔论，没有抑扬顿挫的声调，但解决了最终的问题，这就是会说。

或许没有精彩的故事，没有巧妙的修辞，没有凄美的诗词点缀，但问题得到了解决。

职场中的会说不是为了赢得掌声、笑声、眼泪，而是为了解决问题。

区别二：核心技能有差异

以演讲为例，字正腔圆很重要，抑扬顿挫的语调很重要，感人和幽默也是不可或缺的元素，学写排比句、学讲故事亦有价值。可是这些对职场中的会说而言没那么重要。学习公众演讲，这些技能或许是大家的必修课，但是学习职场中的会说却可以绕过这些技能。既然沟通的目的不同，所需要的核心技能自然也有差异。

假定现在有两个管理者要面对团队发言，一个是口吐莲花的李四，另外一个是朴实无华的小五。李四面对团队说话慷慨激昂，抑扬顿挫，开场就讲了一个有趣的历史典故，团队听得津津有味，故事很有趣，大家听得也认真。讲话中，李四引用了大量诗词，语言极其华丽。演讲结尾，李四还用了一组气势磅礴的排比句。结束时，李四很满意，难掩喜悦之情。

跟李四相比，小五在文学上毫无建树，而且小五说话慢条斯理，没有强大的气势。拿起麦克风后，小五就讲了一件事——新的一年整个薪酬体系的升级方案。小五先是语调平和地介绍了业务战略，以及配套的薪酬调整思路，并用略带口音的语言说明了理由。然后，小五用数学公式演算了每个岗位可能的薪酬变化，清晰地展示了未来一年薪酬可以涨多少。尾声部分，小五没有用排比句，只是淡淡说了一句：咱们一起努力，拿下目标，实现涨薪，谢谢大家。

如果是演讲比赛，胜利者会是李四；但在职场中，作为管理者，小五的发言才是王道。李四收获的是掌声，而小五收获的是团队的跟随。

在本书接下来的内容中，你将看到职场会说所需要的能力和方法具体有哪些，这里就不一一列举了。

当然，传统意义上的口才好跟职场中的会说并不完全矛盾，二者在某些层面也有相通之处。比如，如何让说话更具吸引力，如何与听众建立共情，等等。但我们要时刻提醒自己，二者有差别。特别是对口才好的人来说，这一点要尤为注意，否则，一个最佳辩手或演讲冠军会误以为自己在职场中非常会说。人们如果意识不到二者的差别，就不会及时调整自己的对话策略，可能会在职场中碰壁。

会说者从不只靠说

波斯诗人萨迪说："你若不说话，不会有麻烦。你若开了口,就得有才干。"

会说有用,但不是万能的。我们可以将会说类比为装修,它有价值,也有不可避免的局限性。同一座房子,装修不同就会大不一样。装修得好,居住舒适、观感愉悦;装修得差,则毁掉了原本美好的房子。但是我们同时也要意识到:装修并不能决定房子的价值,装修得再精美,筒子楼里的大开间也变不成大别墅。一座好房子的装修需要精心设计,但地理位置和房屋结构同样重要,三者都好才是优势的叠加。职场中,别人对会说的看法也是如此。

会说,只是众好之一。

真正想要学习会说的人,不会局限于研究"说"的技巧。这恰恰是普通的会说者和真正的会说者之间的区别。真正会说的人知道自己的话语需要与其他事物相辅相成,才能更具说服力,从而实现优势的叠加。

假定你现在是一个企业的负责人,手下有另外两个高管,公司之前就提到要开展一个项目,半年过去了,现在需要确定总负责人,两个高管都有一次汇报的机会,来争夺项目的主导权。

高管甲认为汇报靠的就是"说"的本事,将所有精力都投入在此,精心准备了一个幻灯片。他全面阐述了自己接手这个项目的优势,逻辑清晰,观点明确,同时在现场放出豪言:六个月让公司收入增加一个亿。汇报现场,高管甲慷慨激昂,雄心万丈。

高管乙也在发言上做了充分的准备，但除此之外，高管乙在沟通前完成了项目实验。过去的半年里，他的团队已经在三个城市完成了新方案的试水，完整地跑通了整个流程，并且清楚地梳理了营收路径、业务流程、管理架构、损益模型等相关事宜。在沟通中，高管乙结合上半年的实验结果，做了一次完整的项目规划汇报。

如果没有意外的原因，高管乙更有可能赢得这个项目。他在竞争时运用了口才，但并没有完全依赖口才，这正是他的高明之处。

在前文中，我们提到会做和会说可以相辅相成，高管乙的做法便是佐证。现在我们将进一步升级这个观点。在工作中，要想成为高手，我们需要努力做"三好职业人"，"三好"指的是"想得好，做得好，说得好"。

"想得好"意味着能够想出好主意和创造性的点子。在面临问题时，能够想到解决方案；在面对选择时，能够给出明智的决策依据；在改进工作时，能够提供巧妙的方法。

"做得好"意味着能够推动进展并产生成果。无论讨论多久，问题最终都要解决，只有能够解决问题的人才能获得长期的发展。

"说得好"意味着能够激发更多的人参与。面对上级，能够说服其提供支持和必要资源；面对平级，能够发动其参与协作，提供支援；面对下级，能够激发其斗志，创造协同，加快进展。有众人的合力，才能火力全开。这就是得道多助，众人拾柴火焰高。会说者，众人帮。

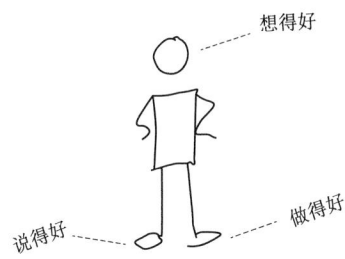

"三好职业人"会努力平衡自身的各方面发展，避免某一方面明显成为短板。同时，为了让自己的话语更具权威性，会说者通常会将自己的所想、所做和所说相结合。

如果用一个人的前行做类比，"想"是动脑子，"做"是迈左脚，"说"是迈右脚。三者协调，同时发力，才能实现作用最大化。善于动脑能选对道路，左右脚交替，则能大步向前，走出虎虎生威，走出天地光明。

会说者，从不只靠说。

我希望你能对职场中的会说有一个正确的认识。因为一旦理念偏离，就很容易走上错误的道路，我真心不希望你陷入其中。首先，我们应该坚持走正道，持正念，而不是以投机取巧或欺骗他人的方式来说服别人，因为这样的"口才"并不会长久。其次，要充分意识到职场中的会说和传统意义上的口才有着较大的差异，它们的目的和核心技能也不相同，这会影响我们学习口才时的发力点。最后，我真诚地提醒你，虽然本书关注口才，但我并不希望你夸大会说的作用。想要在职场中获得长远发展，我们需要努力实现全面发展，真正做到"想得好、做得好、说得好"。只有这三个要素相互配合，才能成为优秀的"三好职业人"，拥有明媚灿烂的未来。

明确目标：真正的会说能解决问题

什么是真正的会说？说得华丽无比就是会说吗？能言善辩就是会说吗？

职场中的会说，是指一个人能通过对话解决实际问题。只有问题得到解决，说的话才有意义。这是职场会说的硬性要求。常规的口才可以让人说得很精彩，但在工作中，仅仅说得精彩是不够的，因为结果不会欺骗人。

职场中的会说，不要求我们对唐诗宋词信手拈来，不要求我们满腹经纶，学富五车，也不要求我们风趣幽默，段子密集。哪怕说话有口音，声音不洪亮，不会用排比句，不擅长讲故事，甚至说话都不足够流利，你依然可以会说。因为即使没有那些优点，你依然可以通过"说"在工作中帮助自己成事，解决一个又一个业务难题，搞定一个又一个团队麻烦。

简而言之，会说是为了成事，能成事就是会说。

会说解决问题的三个层面

真正的会说要能解决问题。这句话包含了三层含义。

第一,能解决实际问题是衡量会说的唯一标准。只有解决了实际问题,才是真正的会说,否则再华丽的言辞也无济于事。这是职场会说与其他口才的显著不同之处。在沟通中,我们不仅仅看重"说",更关注最终的"果"。因此,在日常沟通中,要学会通过事情的结果来评判自己的口才。假如在阅读本书的过程中,你能够利用书中提到的方法真正解决工作中的几个难题,那么你阅读本书的时间就没有白费。而如果在阅读后,没有解决任何问题,那么即使你记录了详细的笔记,你的口才也没有得到实质性的提升。掌握了这个思路,我们的口才学习之旅就会变得更加务实高效。

第二,会说是解决问题的一种手段。在工作中,难免遇到许多难题。我们不应只是埋头苦干,而应花时间思考是否可以通过"说"的方式争取更多支持和资源,加快问题解决的进程。在解决问题上,说和做具有同等重要性,都是解决问题的武器。不要等到一切工作都完成后才想起"说",这样会狭隘地将会说视为一种简单的汇报手段。我们应将会说的概念扩展到解决问题的整个过程中,说和做可以同时进行,相辅相成。将说和做拧成一个麻花,两者配合,我们可以找到更多解决问题的方法。

第三，解决问题有许多途径，会说只是其中一种。我们强调会说的作用，但不应夸大其重要性，这是对会说持理性态度的表现。我们不能拿着锤子，把所有事情都当作钉子。解决问题往往需要多种手段相互配合，聪明的人往往将会说与其他手段结合使用，这样才能取得更好的效果。

会说适用的对话场景

为了方便理解，本书中统一使用"对话"这个词来描述所有说话的场景。"对话"一词强调了双方之间的互通，更适合解释职场中的沟通情境。在职场沟通中，我们通常面对明确的沟通对象，并且需要接收对方传递给我们的信息。"对话"这个词向我们强调了职场沟通是一种双向交流。即使在工作汇报等场景中，看似只有一方在发言，也可以将其视为一种对话场景。我们必须及时接收听众对我们的评价和反馈，并据此进行调整。在职场沟通中，很少有真正意义上的单向传输。所以本书训练的口才旨在提升职场人的对话能力，而不是单向演讲的能力。对话涵盖的范畴要比演讲宽泛得多。

为了提高自己的口才，我们需要在不同类型的对话中训练自己的说话技巧，这样才能在更多场景中灵活运用口才，从而解决实际问题。职场对话可以分为三种类型，区别主要在于双方发言时间的占比。

第一种，自己的发言时间长，对方的发言时间短。

作为这些场景中的发言人，我们自己通常会获得较长的发言时间，因此需要充分准备，发言的设计成为难点。在这种情况下，有些人能够充分展示自己，而有些人发言越多效果越糟糕，逐渐消磨了原本给人的良好印象。因此，发言本身并不是机会，真正的机会在于能够出色地发言。

或许你会疑惑，为什么在这种场景中仍然使用"对话"这个词来描述呢？因为尽管对方的发言时间少，但少数几句话可能对整个对话产生巨大影响。以工作汇报为例，虽然你自己讲了30分钟，花费了相当长的时间，但是你的管理者的3分钟提问可能对这次工作汇报产生至关重要的影响。从对话的角度来理解，准备工作汇报时，不应该仅仅准备自己的发言内容，还应预测别人的发言内容。这样才是在准备对话，而不仅仅是单纯准备演讲。

第二种，对方的发言时间长，自己的发言时间短。

在某些沟通场景中，我们扮演的是倾听者和接收方的角色，整体发言时间较短。例如，当他人是岗位竞聘的选手而我们是点评嘉宾，或者领导找我们布置工作时，大部分时间都是对方在发言，而我们只有少量时间用于沟通。然而，这种场景仍然应被视为双向交流的对话。尽管我们的发言时间较少，他人仍然可以通过我们简短的发言了解我们的能力和工作思路，并形成对我们的评价。

针对这种类型的对话，我们需要专注于培养自己的信息理解和总结提炼能力。我们需要快速理解对方要表达的内容，提取要点，并积极做出回应。虽然我们的发言很少，但这时候非常考验一个人的口才水平，我们需要用几句话准确而简洁地表达。

有时，为了加强沟通，我们可能需要主动创造这种对话场景，自己少说，让对方多说。这样的目的是引导对方更多地发言，方便我们更好地了解情况。因此，根据对话目的的不同，有时候少说反而是会说。我们不能将会说和多说混淆，完成对话有时就需要点到为止。

第三种，双方时间相对均衡。

这种类型的对话更接近于我们在平时工作中所经常遇到的沟通情境，例如集体开会的问答环节和一对一面谈等。这些情境在日常工作中非常常见，而在这些情境中，更重要的是掌握良好的沟通方法，而非仅仅依赖演讲技巧。

在这样的对话中，我们需要能够清晰地表达自己的观点，同时完整且正确地理解对方的观点。这要求我们具备良好的表达能力和倾听技巧。我们应当努力确保将自己的意思准确地传达给对方，并积极倾听和理解对方的观点。在对话的过程中，我们还要根据对话的进展不断调整自己的对话策略，以确保对话能够顺利进行。

除了有效地表达和倾听，还要注重非言语沟通的细节，如姿态、面部表情和肢体语言等。这些细微的沟通信号能够补充和加强我们的口头表达，改善沟通的效果。

聚焦关键对话

每个人的精力和能力都是有限的,应该把有限的资源投入到少数目标上,越聚焦越容易成事,练习口才也是如此。职场对话千千万,值得关注的少一半。想练习口才,先要聚焦。聚焦就要求我们先做取舍,有所学,有所不学,这样反而是真学。

这里有一句话,值得我与各位朋友共勉:高手从来不均匀发力。

要练习口才,绝不能像撒胡椒粉一样将精力四散。我们需要筛选出关键的、有影响力的对话,然后多加思考和研究,而不是关注每个对话,否则会适得其反。有些对话并不值得我们关注,而有些对话则需要认真对待。那该关注哪些对话呢?

前文我们提到会说是为了成事,为了解决实际问题。既然如此,我们应该把精力聚焦在对成事有重要影响的对话上。这样的对话往往对业务的发展或团队的战斗力产生重大影响,值得我们去研究和学习。所以我们要养成一个好习惯:从成事的角度分析一个对话是否真正值得投入精力。

在学习口才方面,有两个典型的场景:电梯交流和酒桌发言。那么这两个场景是否值得我们关注呢?

首先,在电梯里遇到领导应如何交流?很多人在学习口才时都听说过"电梯一分钟",这个话题让人越想越紧张。但从成事的角度来看,电梯交流并没有渲染的那么重要,也算不上关键对话场景。试想一下，有多少工作是在电梯里推进的呢？这种情况非常罕见。在真实情况下，当你和领导在同一个电梯里时，领导可能也不知道该说些什么，你们会稍感尴尬，简单地闲聊几句就足够了，甚至两个人保持沉默，相视一笑也没有关系。我们没有必要花费过多的精力去研究这种对话场景。

其次，酒桌上的发言需不需要格外重视呢？很多人特别注重在酒桌上的表现，但我真诚地不建议你这样做。依赖酒桌上的表现来取得机会，抢风头，或者喝得烂醉，这本身就是很不正常的。也许会有人告诉你这里有大秘密、大学问，但我依然认为这是一种陋习。在大多数情况下，公司内部的事情实际上依然是在办公室里解决的，那里才是真正的主战场。酒桌上的地位往往不是在酒桌上争来的，而是功在平时。如果搞错了战场，就会出现本末倒置的情况。在团队聚餐时，我们可以愉快地享用美食，尊重我们的领导和同事，遵循基本的礼节，实际情况并没有我们想象中那么糟糕。不要每次聚餐都觉得紧张。如果一个公司过于看重酒桌文化，认为不喝酒就无法推进工作，那你真正需要思考的问题可能是努力找一家更值得托付青春的公司。

与之前提到的两个对话场景相比，下面这些对话场景更值得我们关注。

如何做好工作汇报？

如何在会议上做好发言，确保开展良好的讨论？

如何与领导或下属进行有效的一对一沟通？

如何争取关键人物的支持，让自己的业务方案得以实施？

如何争取其他部门的合作与配合？

如何向领导申请项目推进所需的资源？

如何在项目推进中处理他人的反对意见？

这些对话场景经常出现，同时对事情的结果有着重要的影响，因此值得我们投入精力研究。本书提供的方法正是聚焦于那些能够产生实际成果的对话，这些对话是影响结果的关键对话，且往往发生频率较高。如果有些朋友需要参加一个演说家比赛，或者想提升自己与同事闲聊的能力，那么本书内容虽然也会有些许帮助，但并不完全适用。

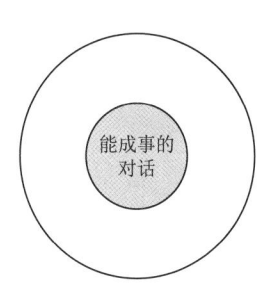

能成事的对话

简而言之，本书关注的是能成事的对话，研究的是能成事的对话方法。希望你也更关注能成事的对话，把有限精力投入到关键事项上。

在前言中，我们着重阐述了如何正视口才的价值，如何正确理解职场中的会说、对话的目标和场景，以及聚焦能成事的对话的思路。在接下来的章节中，我们将更具体地介绍如何提升职场对话能力，并分享相应的方法和技巧。本书将带你探索有效的沟通策略，让你能更从容地应对不同的对话场景。这些内容不是纸上谈兵，而是我多年实战经验和观察的结晶。深度运用这些实用的方法，你将能够在职场中展现出更出色的口才和沟通能力。

无论你是职场新人，还是经验丰富的专业人士，不断提升自己的职场对话能力都是非常重要的。通过有效的沟通和理解，你可以更好地与同事合作、与领导交流，并解决工作中的问题。

我相信，每个人都有潜力成为一位优秀的职场对话者。愿你在接下来的阅读中获得新的启示和突破，并在职场中取得更大的成功。

第一章

"会说三角"打破成长瓶颈

会说是为了成事，能成事才是会说。

在日常工作中，我们更需要的是会说，而非传统意义上的口才，我们更需要的是对话的能力，而不是演说的能力。

目的不同，手段自然也不一样。因此，我们的学习思路和学习内容要做针对性调整，这样才能真正让说话与成事挂钩。转变思路，就会感受到柳暗花明。大多数人做到满腹经纶很难，但通过对话解决实际工作难题却是大多数人可以掌握的技能。找到提升对话能力的关键要素，坚持正确的方法，并持之以恒进行实践，这才是大部分人应该走的正确道路，能够真正帮助更多人，而这也是本书的意义所在。许多所谓的"口才花活"不过是锦上添花，并不需要刻意追求。

本章将简要介绍职场对话的核心思路，并在后续章节中逐一介绍每个要点的详细操作方法。建立对话能力提升的方法体系是本章的首要任务，请在阅读时特别关注这一点，并着重记录整个方法体系。

摆脱说话模板，避免僵化口才

职场中有很多关键对话，例如述职报告、立项报告、年终汇报等等。这时该如何设计精良的对话内容呢？

假设你在一家大公司工作，两周后将召开公司立项会，你将要在会上做汇报。凌晨2点，你一边喝着咖啡，一边挠头想着如何介绍，实在不知道如何是好。

这时，你可能想到一个"好点子"，要不上网搜一个项目介绍模板吧，根据找到的模板，整个介绍划分为五大板块：项目背景、项目必要性、市场分析、竞争格局、项目前景。

后续的发言准备，好似在模板的指挥下做填空题。汇报幻灯片做了80页，自己很开心，但是没有想到汇报时被一顿痛批。

这样的境遇很多人都有过。平时看了不少书，又是逻辑知识，又是演讲技巧，但面对真实的职场对话，大部分招数都用不上。想好好说，却不知说什么好。最后无奈，模板走起。但用了模板，未必能哄得了老板。

为什么很多精良的模板也会失效？因为模板会干扰你的准备思路。用模板时发言的关注点不再是听众，而是模板里的规定。这样的发言接近了模板，却远离了听众。

按照模板僵化准备，意味着在明确听众之前，发言人已经决定了每个部分将分别说什么。这样的发言没有特定的听众对象，说给任何人听都可以。由于通用的发言往往缺乏针对性，它对特定人的说服效果也会有所减弱。用模板虽然完成了发言的准备，但解决不了实际问题，这违背了对话的初衷。不用模板，是对听众最基本的尊重。脱离模板，才能走近听众。

有些朋友学习积极性很高，在网上刷短视频时偶然看到一些所谓的"发言公式"，如获至宝，通通记到小本子上。例如"感回来"万能致辞公式，即发言时遵循"感谢+回顾+未来愿景"的三段式结构。先感谢在座同事，再回顾过往成绩，最后展望未来，提出祝福。公式一套，发言稿到手。看似美好，实则不然。想成事，最好不要这样。即使这些公式在某些场合可能有效，我也不建议过分使用它们。职场对话具有特殊性，许多场景会反复出现。每次都套用这样的公式发言，自己不烦，别人都烦了。如果几个同事都学习了同一个公式，聚会时发言岂不成了一种奇观。在现实职场中，总是用这样的套话发言，大家会认为你说话假大空，从而对你产生不好的印象。

巧用模块组合，逐步提升口才

虽然不建议使用模板，但对话准备并不是无章可循。这里介绍一种在职场中非常实用的思路：模块组合。即通过各个技能模块以及不同模块的组合有针对性地提升自己的对话能力，并解决工作中的实际问题。在提升对话能力的过程中，每个技能模块就像积木一样，不同的模块可以组合在一起。顺序和结构不同，呈现出的结果也就不同。就像建筑物有水泥、砖头、钢筋、玻璃等基本模块，它们的组合方式不同，建筑物的风格也会千差万别。

为了运用好这种"模块组合"的思路，我们需要将会说拆分成不同的能力模块，每个模块都需要专项训练，熟练掌握，这就是"大拆小"。在实际工作中，根据具体情况选择模块，灵活组合，有针对性地进行沟通，这就是"小组大"。在拆分和组合之间，我们既能够快速提升"说"的能力，又不至于僵化地应对所有情况。就像练习武术一样，我们会把武术拆分成不同的动作，但学会了十八般武艺后，在实战中我们需要灵活地组合这些招数，不能僵化地使用套路。单独练习直拳、摆拳和勾拳是有用的，但它们之间组合的形式可以多样。

拆分后的模块可以独立学习，组合运用的方式要灵活，不可僵化。学习一招一式要扎实，招数的组合要随机应变。

在模块组合的思路下，本书将介绍一种全新的口才提升方法——"会说三角"。"会说三角"并不是只有一个三角形，而是由三个三角形组成，分别是"利益三角"、"内容三角"和"表达三角"。

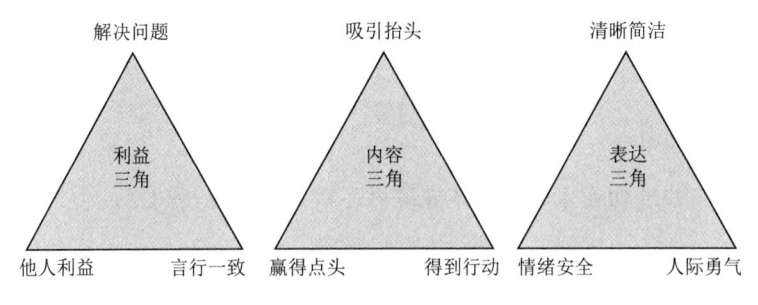

```
        解决问题              吸引抬头              清晰简洁
         /\                   /\                   /\
        /  \                 /  \                 /  \
       / 利益\               / 内容\               / 表达\
      /  三角 \             /  三角 \             /  三角 \
     /_____\           /_____\           /_____\
   他人利益  言行一致    赢得点头  得到行动    情绪安全  人际勇气
```

"会说三角"示意图

三个三角形构成了"会说三角"的三大主题和九大模块，每个模块里还有细分的子模块，每一个子模块都是练习说话技巧的具体方法和手段。每个模块都可独立学习，专项突破。在本书最后一章中，我们将模拟真实的职场情景进行模块的组合练习。

在阅读本书时，我建议读者将详细的模块逐一记录下来，并在实际工作中逐一进行练习，以便能够熟练掌握它们。单一招数掌握好后，就可以尝试进行组合。模块越多，组合的可能性也会越多，个人的对话灵活性提升得也就越多。这种学习方法可以理解为"先固化单一模块，再组合多个模块，逐渐实现自由灵活"。

学会"七十二变"，笑对"八十一难"。学好每个模块，练好模块的灵活组合，你的职场对话能力就会快速提升。接下来，我们逐一介绍"会说三角"的基本框架。

利益三角：精准定位对话切入点

要准备一次发言、一次沟通，或者一次讨论，思路十分重要。找准切入点，把握住关键点，对话自然事半功倍。不少朋友对话能力不强，问题并不在措辞上，而是一开始的思路就出现了偏差。方向错了，走得越远，偏差越大。

我初入职场时，不懂交流，但内心极其重视，每次与同事沟通前，都要琢磨良久，想着如何能好好地表现自己。在进行对话前，我总是在思考以下这些问题。

1. 我如何讲话才能展现出我有能力？
2. 我如何讲话才能让领导记住我？
3. 我如何讲话才能得到大家的认可？

一个年轻人追求上进，希望表现自己，把握更多机会，无可厚非。只不过没人指路，总是发力过猛，反而显得青涩，很多话说得不合时宜，也没有达到想要的效果，经常是说得越多，错得越多。当年不明所以，现在回头看看，一开始的切入点就错了。出彩、叫好、认可、赞扬、留下好印象、展示才华等等，这些关键词都不适合作为对话的切入点。

这个问题该如何解决呢？

很多时候，答案并不在问题中。

想做好职场对话，最先要考虑的反而不是"说什么，怎么说"，这或许有些出人意料，却是事实。职场对话第一个要考虑的要素是利益。想通这一点，职场对话就入门了。这是职场对话与普通交谈、公众演讲特别不一样的地方。

想设计对话，先设计利益。

职场对话不是应试作文，没有那么多套路和模板。对于考试中的写作，上个排比、整点诗词，或许就能多得一点分数，但在职场中，这些招数意义不大。大家混迹职场，求的是发展，谋的是利益，哪怕是追逐梦想，追求的也是和自己有关的梦想。这么说听起来有些刺耳，但这才是赤裸裸的现实。

职场对话不是脱口秀比赛，职场对话中，最需要关注的是利益。

我常开玩笑说："团队听得最认真的会议是薪酬改革沟通会。"会议内容与自己的利益息息相关，自然打起十二分精神。不需要用什么话术开场，不需要用幽默抓眼球，每个数字都能撩动听众的心。你说的是自己的话，他们听到的是自己的钱。这样的会议从来不用担心走神儿的问题。

所以，讲话之前真正要想明白的就是"利益"二字。

口才不好的时候记住：不是没有想清楚话术，而是没有想清楚利益。

但面对"利益"二字，有的朋友可能会有心理障碍，觉得这样俗套、势利，不是君子作风。这又是大错特错。其实把利益挂在嘴边并不是没有情怀，恰恰相反，充分尊重别人的利益，优先想清楚别人的利益，才是能在现实中走得长远的情怀。对别人最直接的尊重就是尊重他们的利益。不消说同事之间，企业跟客户之间也是如此，真正把客户的利益照顾到位其实是值得尊敬的价值观。小人只想着自己的利益，君子同时还想着别人的利益，错的不是"利益"二字，而是人们思考的利益的范畴。

所以，在职场对话中不要羞于谈利益，相反，应敢于谈利益，尽力把利益谈清楚。

学习幽默的套路，学习常见的三种演讲开场，这些都不重要，甚至都不用学，反而应该花更多时间去研究利益、分析利益和分配利益。搞定了利益，说出的话就会格外有分量。至此，"会说三角"的第一个三角——利益三角——出现了。

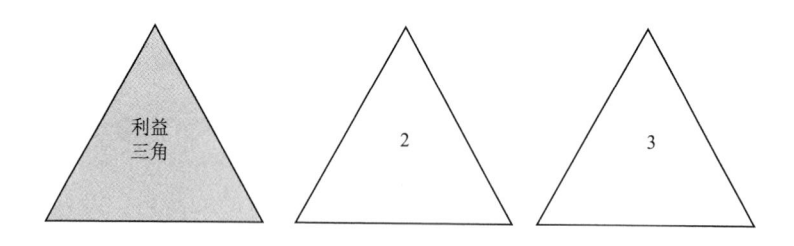

想要对话有效，就必须从利益三角出发。接下来，我们将探讨利益三角的三个顶点：解决问题、他人利益、言行一致。

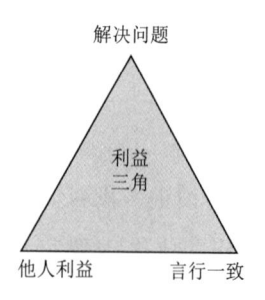

我们在职场上免不了要参加很多会议，有心的朋友会发现有些会议极其冗长，似乎每个人都在认真发言，看似观点不断交换，但是聊了一个下午并没什么进展，最终问题不了了之，唯一的结果就是约好再开一次会议。这种会议就是无效对话，每个人都是这个会议的"受害者"，但没有人觉得自己是"真凶"。事情没有推进，还浪费了时间，这种会议就是利益粉碎机，是成本增加器。

每一场会议其实都是一次对话，每一次对话都会影响他人对你的评价。如果这种无效的会议频繁召开，人们就会开始质疑会议组织者的能力。许多管理者都有这样的问题，他们往往并不清楚会议的真正目的，在这一点上也没有足够的思考，只是觉得需要把大家召集起来交流一下，大家互相通通气，这样的会议效果自然难以令人满意。如果你身居管理岗位，万不可无故召开会议，既耽误团队的工作，又削弱了自己的口碑。

要避免这个问题，就需要把握住利益三角的第一个顶点——解决问题。

利益三角顶点 1：解决问题

想对话，先要掌握利益三角。而想要掌握利益三角，首先需要清楚一点：在一场对话中，我们想要解决的问题是什么。

如果把待解决的问题比作一种病，那么对话就是良药。好的对话应当能针对病来选用对应的药，而不能盲目地服药，却对所要治疗的病一无所知。不知病，不能乱用药。很多职场对话大家不愿参与，就是因为它们未能明确要治疗的"病"，只是随意地让一群人聚在一起"服药"，人们自然会感到不安，认为自己的利益受到了损害。这样的对话从一开始就注定会失败。

明确了要解决的问题，对话就有了方向。方向明确，路径才能明确。用地图导航时，先要输入目的地才能选择路线。如果我们不知道要去哪里，其实选择哪条路都无所谓了。

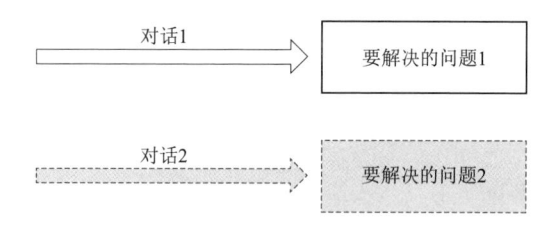

对话1 → 要解决的问题1

对话2 ⇢ 要解决的问题2

需要解决的问题不同，对话的方式方法也会有所不同。

在这次对话中，我想解决的问题是什么？这个问题的答案尤为重要。

是希望他人配合自己，还是希望领导批准项目的资金？是希望他人接受自己的方案，还是希望其他部门采取某种支持行动？是希望他人投入人力参与项目，还是希望他人调整目标？

只有当问题真正得到解决，对话才能提供"真实的利益"。这一看似简单的理念，却常常被人们忽视。

很多人经常需要做工作汇报，但是他们的汇报往往变成工作进展的流水账，没有想清楚这次汇报中他们想解决的问题是什么。这些人做了很多工作汇报，但是一直没有真正入门。

还有很多人开会时容易跟别人起争执，越吵越激烈，吵得"天昏地暗"，最后对话的目的变成了发泄情绪，反而忘记了自己要解决的问题。

还有些人找领导倾诉，又是掏心掏肺讲痛苦，又是声泪俱下诉说自己的不容易，聊了一下午，领导都无奈了，殊不知最后虽然博得了同情，却没有解决实际问题。

无论如何，我们都不能忘记，职场对话需要解决问题。我们需要转变思维：要将那些看似平常的职场对话，转变成能解决问题的对话。

我们要不断提醒自己：我不是来汇报的，我是来解决具体问题的；我不是来争论的，我是来解决具体问题的；我不是来倾诉的，我是来解决具体问题的。

详细操作，我们将在后续章节中继续讨论。

然而，这里还存在一个问题：就算自己明确了要解决的问题，也转变了思维方式，别人凭什么要配合你呢？参与对话的人可能会质疑："这只是你想解决的问题，与我有什么关系？我为什么要浪费时间与你对话？"我们前面提到，无论是狭隘的小人还是宽容的君子，他们都会关心利益，只不过关心的范围不同。小人常常只看到自己的利益，而君子则能够考虑到他人。这正好引出了利益三角的第二个顶点——他人利益。

利益三角顶点 2：他人利益

一旦我们明确了需要解决的问题，也就明确了自己的利益，但全世界并没有必要围绕你转。这就需要我们引入"他人利益"这个概念，这四个字包含着丰富的信息。

他人利益的第一层是强调共赢。解决问题关注的是自己通过对话能得到什么，而他人利益关注的是别人通过对话能得到什么。好的沟通并不是做慈善，沟通时既不要要求自己做慈善，也不要要求别人做慈善。既不舍己为人，也不能奢望舍人为己。好的对话应当是双方都能获得好处。要赢一起赢，才能好好对话。只有能共赢时，别人才愿意考虑你的事情。

他人利益的第二层是因果关系。换句话说，就是通过解决别人的问题来解决自己的问题。他人的利益是因，自己的利益是果。菩萨畏因，众生畏果。有因才有果，想要改变果，首先要改变因。很多企业的产品没人买，业绩不好，核心原因就是没有满足客户的需求，没有解决客户的问题。企业解决不了客户的问题，就解决不了自身发展的问题。

自己的利益得不到，往往是因为对别人的利益照顾得不好。更好地解决别人的问题，才能更好地解决自己的问题。这是利益三角中非常独特的一种思维方式。

不要埋怨兄弟部门没有格局，不配合自己，而是要想：解决对方的什么问题后，对方就愿意配合我们？

不要抱怨团队工作不努力，需要开会训斥一下，而是要想：解决团队的什么问题后，团队就愿意在工作上更投入？

"人不为己，天诛地灭。"但是如果只考虑自己，也不会长久。考虑自己的利益是本能，考虑别人的利益是本事。自己的问题是把锁，别人的问题是打开它的钥匙。

利益三角的第一个顶点主要关注的是自己的利益，即通过对话你可以得到什么；而第二个顶点关注的是他人的利益，即满足他人的什么利益后，他们会更愿意配合你。这个策略很明确：通过满足他人的利益来实现自己的利益。只有当利益关系顺畅时，沟通才能更加顺利。

但是，现实是残酷的，把自己要解决的问题和对方的利益都聊得很清楚，对话可能依然达不成任何结果。很多朋友也有类似经历：参加了一次会议，某位发言人慷慨陈词，逻辑清晰，论证缜密，结论明确，当真是口才了得，可是会议结束后，刚才的发言就好似没有发生过一样，大家依然我行我素，没有任何改变。若是询问原因，答案也很简单："说得很好，但我不太信，他又不是第一次说得这么好听了，要是真信了，说明你还年轻。这些话忽悠一下新人还差不多，我们这些老人都见怪不怪了。"因为不信，对话的所有内容都被瓦解了，这时任何说话技巧都无用，任你长袖善舞，我就是不为所动。这就引出了利益三角的第三个顶点——言行一致。

利益三角顶点3：言行一致

利益三角想要运转，背后需要一个看不见，但威力无穷的要素：信任。没有信任，利益三角无法有效运转。别人相信，才有利益，设计好的利益分配方式才能起作用，否则就算把利益说得震天响也没有用。但长期的信任无法完全通过言语获得，第一次通过言语可能让人相信，第二次、第三次就需要实际行动做支撑，这就是言行一致的价值。

一流口才是说话厉害，顶级口才是行动也厉害，因为行动厉害，所以说出的话变得更加权威。这是顶级会说的人与常规口才好的人之间的显著差异。网络直播的例子便是很好的证明，主播们说话流利、激情洋溢，能深深打动人心，但如果你在他们的直播间买货的体验不佳，他们的口才就很难再影响到你。言行不一致，话语便不再具有影响力。

说话者总是希望通过话语引发他人的行动，而听者往往通过你的行动来衡量你的话语。

因此，我们需要升级思维，设计对话时要独立思考：是否能够将言辞和行动有效匹配，让行动成为言辞的有力支撑？话语就像一个空包，只有填满了行动，它才会变得沉甸甸，你的话才会有分量。相同的话，因为填充了不同的行动，所带来的效果是不一样的。

这里要注意一点：言行一致强调的是言语和行动相匹配。"匹配"是这里的关键词，未必要上升到人品层面。

各位朋友上学时应该有过类似经历：每个老师都会布置作业，但是完成情况却有可能大相径庭。有的老师布置完作业，大家嘻嘻哈哈，并不认真；有的老师布置了作业，大家极其紧张，不敢怠慢。布置作业的话语是类似的，差别在于后续的检查是否认真，不完成的后果是否严重。学生似乎都不太爱做作业，但是总有一两个老师的作业大家不敢不完成。这个老师说到做到，大家自然不敢轻视。这背后就是布置作业的言语和后续检查行动是否一致。此案例看似与职场不相关，却体现出职场管理的现实。

联系到职场，管理者似乎都喜欢开会讲话，抽个时间，把大家叫到一起，讲上一段，好不痛快。开会讲话大家都会，差别在于团队是否真正重视管理者的发言，是否会去执行他的要求。设想一下，如果你是一个团队的管理者，如何做才能让自己在会议上提的要求有分量？许多人都过于注重如何让自己的话语更有力，但现在我们需要一种新的思维方式：通过行动增强话语的分量，实现言行一致。一个简单的策略就是在每次会议开始时，检查上一次会议的执行情况。在第一次会议结束后，要记录下行动要求，明确责任人，并把这些要求分发下去。在下一次开会时，不要急于传达新的信息，而应先把上次会议的记录拿出来，逐一确认每个责任人的执行情况。这种行动虽然简单，但在职场会议上却不常见，因为很多人都将精力花在设计发言、推动讨论上，却忘记了"检查作业"。如果能坚持这种"会议开始就检查作业"的做法，那么每次会议的结论大家就会更加重视，你的发言就会更有分量。团队清楚地知道你说的事情不会忘记，到时间就会检查。

这就是言行一致的力量，跟人品无关，就是让行动和言语匹配，做到这一点，大家就容易信你。

不断提醒自己：说出的话要兑现，要履行。不能兑现的利益是假利益，没有检查的任务是假任务。

在职场对话中，强有力的话语需要同样强有力的行动作为支撑，这就是言行一致的力量。要修炼职场对话，可不只是单纯练"嘴"，一定要修炼自己的行为。每次承诺完，都能兑现，以后说话就有公信力。切实的行为才能带来坚定的话语。有了切实的行为，说话就不需要过多粉饰，不需要绞尽脑汁，简单陈述，对方可能就会积极配合。因为对方知道，你说的都能做到。

新东方在行业变化后，转型做了电商东方甄选，后来火爆全网，大家容易看到的是主播的才华，并为之点赞，不容易看到的是这些年新东方积累的大众信任，这些信任是用行为一点一滴积累起来的。在艰难时刻不拖欠工资，在困难时期捐掉课桌椅，多年坚持做教育慈善。才华或许可以模仿，但信任很难在短期内建立。当才华和信任交织在一起时，威力巨大。

言行一致，说话就有分量；言行不一致，说得再动听，也会被一票否决。

关于利益三角，我们可以做一个简短总结。

- 利益是设计职场对话的第一切入点，年少时说话总想出彩，长大了才知道说话要聊清楚利益。就好像年轻时谈恋爱，喜欢说风花雪月的诗，长大后会更愿意付出艰辛给对方一个值得托付的未来。
- 设计对话要先设计利益。
- 说话不灵，未必是口才不好，可能是利益设计做得不好。
- 搞定不了利益，就搞定不了对话。
- 一次好的职场对话应该是一次优秀的利益分配。

利益三角的三个顶点分别是"解决问题""他人利益""言行一致"。明确对话要解决的问题，对话才有方向，自己的利益才能表述清楚；明确对话能为他人带来什么利益，自身的利益才能实现；坚持言行一致，前述的利益才能得到他人的信任，有了信任，利益的承诺才有力量。只有当这三点联动，利益三角才能高效运转。

做好利益三角，对话就有了坚实的基础。

内容三角：高效搭建对话核心内容

一旦我们明确了利益，对话就有了方向。接下来的任务就是研究如何在这个正确的方向上加速前进，以便更快地到达目的地，并取得胜利。利益是对话的导航系统，而内容就是对

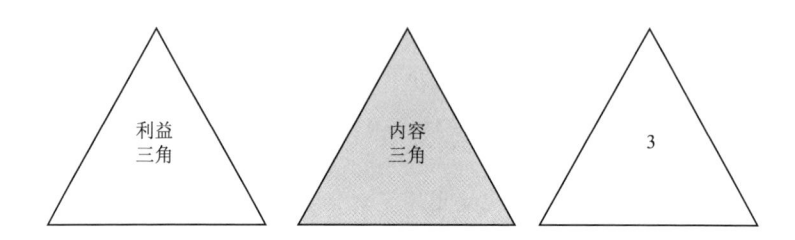

话的动力系统。至此,"会说三角"的第二个三角——内容三角——出现了。

利益三角　　内容三角　　3

内容是对话的动力源,优秀的对话需要有优秀的内容作为支撑。这个道理并不复杂,真正的难点在于:如何选择内容?选择的标准又是什么?

假设你需要在会议上发言,你可以选择的发言内容多种多样,比如:讲故事、设置悬念、介绍项目进展数据、介绍项目背景、举例说明、使用命令、阐述项目实施理由、分析项目风险、说明长期利益、回应反对意见等等。你仿佛进入了一个琳琅满目的市场,自己已经眼花缭乱,不知如何做出选择。有时候,有太多的选择就等于没有选择。

这时,我们可以回顾前文提到的"模块组合"思维。设计职场对话的内容就像组装一台机器。一台机器由许多部件组成,这些部件就是我们前面所说的模块。每个部件都有其特殊的功能,通过不同部件的组合,整台机器就能运转并达到预定的目标。因此,选择哪个部件,取决于我们希望实现的功能。只有当部件符合功能需求时,我们才会选择它;即使是最精美的部件，如果无法满足功能需求，我们也应该舍弃。

理解到这一层，我们会发现：内容设计的精髓并不始于内容，而是始于要实现的功能。根据功能反推零部件的选择，这就是内容设计中的"以终为始"原则。

此时，一个被忽略的关键问题浮出水面：一次优秀的对话，其内容需要实现哪些功能呢？

职场对话的内容要实现的功能，与传统的演讲或日常聊天并不相同。职场对话是要帮助我们成事的，所以内容实现的功能往往比较务实，这样才能有效推动事情往前走。一场演讲的目的可能在于展示才华、赢得掌声，或是引起情感共鸣，但这些往往并非职场对话所追求的。

职场对话的内容有三个看似朴素，却具有极高价值的功能：吸引抬头、赢得点头和得到行动。这三点构成了内容三角的三个顶点。

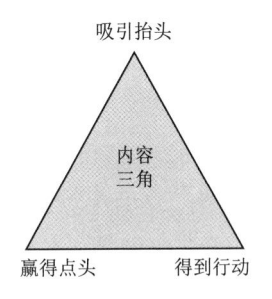

```
           吸引抬头
              △
            内容
            三角
         ╱      ╲
      赢得点头  得到行动
```

吸引抬头是指发言能够吸引人们的注意力，赢得点头是指对话能够赢得人们的认同，得到行动是指对话能够促使人们展开行动。接下来，我们将对每一点进行简要的解释。在这一节中，我们主要阐述内容三角的核心思想，具体的操作方式将在后续的章节中详细介绍。

内容三角顶点1：吸引抬头

听众抬头意味着发言人得到了关注。

没有关注，对话就没有发生。

说话就像演奏音乐，音乐优美并不直接体现价值，有人驻足、欣赏，音乐的优美才得以彰显。再美的音乐也需要有人听，很多人在对话时反而忽略了这一点。

《华盛顿邮报》曾策划过一个社会实验。在寒冷的1月的清晨，正值早高峰，华盛顿特区的一个地铁站里人来人往，人们行色匆匆。这时一个男子拿出自己的小提琴，开始独自演奏，琴声极其优美，但在演奏的45分钟里，仅有6人停下脚步，稍作停留。大约20人给了他钱，合计32美元左右。整个演奏是孤独的，没有聚精会神的观众，没有喝彩，没有掌声。演奏结束，男子安静地离开了。

没有人知道，那个演奏者是著名小提琴家乔舒亚·贝尔，两天前，他的演奏会门票全部售罄，平均票价100美元。

细心的朋友可能已经注意到，这位小提琴家的经历和我们平日里发言的经历是多么相似。我们可能为一个小时的发言精心准备，熬夜几天，制作了几十页的幻灯片，然而在发言的时候，却发现每个人都在忙自己的事情。

准备得再好的发言，如果没人听，也就毫无意义。那些熬过的夜就变成了咖啡因作用下的自嗨。

所有的发言都需要有人聆听才有存在的意义，正如好的音乐需要有人聆听才会流行一样。

但对这个社会实验进行更深一层的思考，会对人们的对话设计很有帮助。小提琴家不能怪行色匆匆的人没有眼光。如果身在演奏厅，人们会认真欣赏，但是在早高峰时间，为了生活，他们要按时赶到公司，不要迟到的念头占据了他们的头脑，音乐在这时没有传入他们的耳朵。不是音乐不够好，而是此刻他们没有一个关注它的理由。

在准备对话的时候，我们需要时刻提醒自己：不要责怪他人没有听，而要主动设计让人们关注自己的理由。设计对话时主动设计吸引抬头的内容，以确保后面的内容能进入对方的大脑。

工作中每个人都是着急赶路的行人，他们有自己的目的地，很容易忽略你精心准备的美好，他们可能不是不喜欢你的内容，而是单纯地没有注意到。现在电子设备发达，手机、电脑、平板一应俱全。开会时，所有人都带着设备走进会场。这些设备有时就是会议的摧毁器，它们像旋涡一样吸引着大家的注意力，每个人都把目光聚焦在自己的电子屏幕上，只是偶尔抬头瞅一瞅。这种"低头会议"现在越来越多，发言人像走过场一样在台前表演，听众偶尔抬头看看，算是表示一点尊重。

在这种环境下，有多少发言能发挥出应有的作用呢？

想通过对话影响别人，要做的第一件事情就是吸引大家"抬头"，需要设计专门的内容来实现吸引抬头的功能，让大家抬头看你，抬着头听你讲。唯有如此，我们的话才能传到听众的耳朵里。如果大家只是低头玩手机或盯着笔记本电脑，那么所有的口才都是地铁站里的那首小提琴曲，无限美好，但没有人驻足。

内容三角顶点2：赢得点头

点头代表认可、同意。

这是后续行动的基础，别人不认同后续就不会真配合，工作就很难开展。好处讲得再多，如果对方没有点头，也没有任何意义。

想要在公司顺利推进一项工作，可以多看看历史上变法的案例。推动变法的人往往位高权重，也有皇帝的支持，但是很多变法的结局并不好。有时，人未亡，政已息。这些变法失败的原因会给我们重要的启发：一件事有好处未必就能推行下去，过程中必须得到足够多的"点头"才可以。如果"摇头者"过多，再好的项目也可能夭折。

戊戌变法的推动，需要维新派和守旧派进行博弈，守旧派手握实权，同时又对变法持反对态度，关键时刻必然出手阻挠。掌握实权的守旧派进行强力干预，戊戌变法很难走到最后。也就是说，面对戊戌变法，"摇头"的人多，势力大，维新派又急于求成，与守旧派沟通不足，也无法达成一致，变法的阻力只会越来越大，难上加难。

商鞅变法在秦国发展上起到了重要的作用，确实做到了富国强兵，让秦国成为超级军事强国，全国的农业和军事水平显著提高。按照这样的效果，最后商鞅应该受到全民爱戴，尊荣无以复加，可惜事实并非如此。《史记·商君列传》记载，商鞅变法，惩罚严酷，十家编成"一什"，五家编成"一伍"，互相监督，互相揭发，一家犯法，全部受罚，发现问题而不告发者腰斩。太子老师公子虔因不遵守新法被割去鼻子。刻薄少恩，导致推行时不断创造"摇头者"，数量越来越多。"摇头者"一开始畏惧强权，不敢出声，不敢反抗，但是他们一直在等待时机，一旦时机到来，"摇头者"就会竭力反攻。后来秦孝公去世，太子即位，商鞅最后落得了悲惨的下场。

历史的变法典故在不断地提醒我们：任何优秀的想法都需要赢得他人的赞同。我们不应让自己的视线被美好的想法遮挡，也不能简单地认为一件有好处的事情就能自然得到大家的支持。如果我们想要推动某件事情，那么不仅需要深入研究其好处，更要分析是否能赢得大家的赞同，以及不同的人"点头"的原因是什么，自己又能否满足。

想尽办法，让点头的人变多，摇头的人变少，如果不能减少摇头的人，后面就会麻烦无穷。更不能不顾参与者的感受，主动创造摇头者。

这里有一点要额外提醒：项目的好处和别人点头的理由往往不相同。

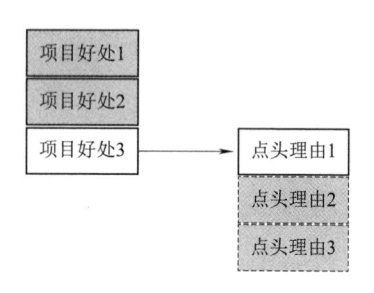

```
项目好处1
项目好处2
项目好处3  →  点头理由1
              点头理由2
              点头理由3
```

初入职场时，我常在这个地方栽跟头。自己牵头一个项目，找人配合，拼命介绍项目的优点，条分缕析，讲得眉飞色舞，意犹未尽，以为自己胜券在握，却没想到对方听后摇摇头说："我最近手头工作有点多，不好意思，这个项目参与不了。"

当时年轻气盛，觉得是对方没有眼光，看不到这些优点。后来随着经验的增长，慢慢懂了，这些优点对方知晓，可是世界上有优点的事情多了，难道有优点就应该配合，就应该支持吗？人家更关心自己的需求是否得到了满足。这就是介绍者和评判者思考角度的不同。介绍者想的是：这个事情有优点，你应该配合。评判者想的是：你说的优点我知道，但是我的需求你满足了吗？

介绍者会以自己的视角看待产品的优点，用各种专业术语进行详细介绍，恨不得从底层科技原理讲起，介绍运用了何种引擎、什么材料，各种玄妙之处一一展示，术语满天飞。最后，自己讲得口干舌燥，自鸣得意，客户却不买账。新手产品经理可能会认为客户没有眼光，而经验丰富的产品经理会反思，他们知道他们眼中的优点和客户购买的理由可能并不一致，如果忽略了客户购买的理由，再优秀的产品也可能会滞销。

真正销售得好的产品不仅自身有优点，更能够满足客户的需求。所以介绍时，不是讲"卖的理由"，而是讲"买的理由"，这就是从设计"卖点"到设计"买点"的转变。

卖点	买点
书包采用国际××材料，具有三级耐磨属性，且符合七级防水标准	暴雨天，孩子背这款书包，里面的书一本都不会湿
我们的电动车采用了××电池技术，获得35项技术专利	开我们的电动车，可以一口气行驶1000公里，中间不用寻找充电桩

优秀的对话也是如此，不是讲自己的好，而是讲能满足对方的需要。这是一种思路的转变，看似简单，实则关键，对后续有着深远的影响。

设计发言内容时，一定要从听众角度出发，认真思考对方赞同或反对的原因是什么，然后在对话中设计专门的内容来进行解答。当对方的疑惑被消除，需求被满足时，他们才会真正同意最终的方案。当越来越多的人对项目点头时，工作就能加速开展，我们也就更容易成事。

从自己的角度找方案的优点和从听众的角度找同意的理由，这是两种截然不同的设计思路。

最后还要提醒一点：即使做不到使人人点头，也不要主动创造摇头者。要敢于和摇头者沟通，尝试说服摇头者。最佳局面是对方回心转意，开始点头，但有时候，我们也可以接受次优的情况，即他们不支持，但也不会主动阻挠，这已经对我们有很大的帮助了。

内容三角顶点3：得到行动

一千次口头答应，不如一次行动。行动比掌声、笑声更能推进工作。

真正务实的对话会得到别人的行动。

每个人工作时都会遇到很多令人郁闷的情景。比如你最近在推进项目时总是受挫，相关部门的几个人看你级别低，几乎不配合。项目的各种资源完全不能按时到位，工期一拖再拖。后来实在忍不住，约领导单独聊了一次。聊天时，你突然情绪激动，声泪俱下，哭诉了一个多小时。领导也疯狂安慰你，可单聊之后，情况完全没有改善。领导明明很理解你，对话也很顺利，为什么一切还是照旧，没有改观？

很多对话看似成功，得到了赞扬、安慰和鼓励，甚至也得到了之前提到的"点头"，但其实并没有解决问题，因为这些对话没有得到行动。这样的对话不算成功。

如果在对话中疯狂阐述自己的委屈，那么管理者收到的信号可能是你委屈，需要倾诉，自己只要认真倾听，多安慰就好了，在对话结束后，他也并不会做额外的动作。这时，对话内容就没有得到行动。

行动没变，结果不会改变。

要想成事，必须改变结果；要想改变结果，必须得到行动。

为什么很多会议总是达不到预期的效果？因为漂亮的话在会议上反复说，但会议后的行动照旧。得不到新行动，得不到新结果，大家的耐心就都磨没了。好的会议无论过程多么艰辛，结束时必须明确新的行动。做到这一点，每次开会都会是一次成功的对话。

现在，让我们一同思考：我们在对话中设计了哪些内容来专门引导大家采取行动？或许你会在反思后发现，虽然我们谈论了感受，阐述了观点，明确了道理，描绘了愿景，却并未清晰地说明以下问题。

> 后续要采取什么行动？
> 什么时候开始，什么时候结束？
> 谁是负责人？
> 行动好坏如何评价？
> 谁来验收这些行动？

只要缺乏这些"得到行动"的内容，对话就不是能成事的对话，就只不过是一次简单的沟通。想象一下，有甲和乙两个沟通者。甲每次沟通都很顺利，大家也很开心，会上频频点头，散会后大家各自忙碌自己的事情；乙对自己的沟通有一个额外要求，那就是必须明确行动，每次开会推进的事情并不多，最后也就定下来一两个行动，看似也没有什么大不同。后来随着时间的推移，甲和乙都做了50次沟通，这时积少成多，差距就显现出来，甲做了50次常规沟通，看似忙碌，实则没什么成效，而乙做了50次能成事的对话，得到了至少50个新行动，开一次会，事情就能变好一点。如果工作三年，甲和乙的发展会有什么不同呢？许多人都追求快速发展，而快速发展的奥秘就隐藏在这些看似微小的差异之中，差异虽然看似微小，但累积起来足以令人震惊。

对话中，做甲还是做乙，这是一个职场人面临的真实选择。关于内容三角，我们可以做一个简短总结。

- 内容三角用于指导对话时内容的设计。
- 设计内容时最关键的是要从功能出发，进行反推。
- 能成事的对话有三个朴素且有价值的功能，分别是吸引抬头、赢得点头和得到行动，这三个功能就是内容三角的三个顶点。

这三个要素对于成事都有很大帮助。吸引抬头意味着对话得到了对方的关注，这样对话才会真正发生，如果没有关注，对话就变成了对牛弹琴；赢得点头意味着得到了对方的认同，这样后续的事情才能推进，想成事离不开上级的同意、

平级的同意和下属的同意；得到行动意味着对话结束后，参与者会用明确的行动表示对你的支持，一个行动胜过千言万语。

吸引抬头、赢得点头和得到行动三个功能层层递进，越到后面，对话的成事属性越强。

设计一场对话时，我们需要根据功能将内容拆分查看，假设对话内容共有六部分，根据三大功能，可以进行如下对应，如下图所示。

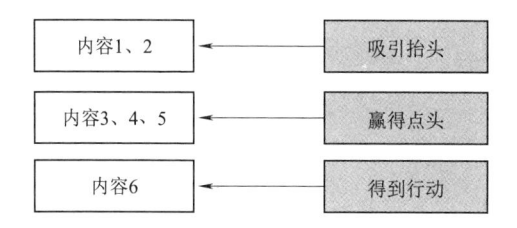

内容1、2	←	吸引抬头
内容3、4、5	←	赢得点头
内容6	←	得到行动

每一项内容都应服务于某一功能。在设计对话内容时，要考虑你选择的内容是能吸引抬头，还是能赢得点头，或是能得到行动，如果都不能，那么这个内容就没有必要提及。

以功能为准绳，我们就能更好地进行内容的选择。

表达三角：从容设计职场对话表达

现在我们介绍"会说三角"的第三个——表达三角。

利益
三角

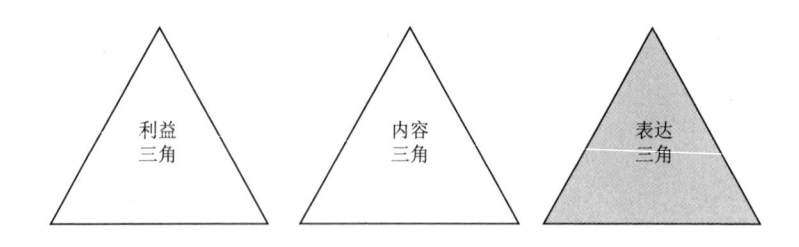

内容
三角

表达
三角

当我们谈论表达时，大家可能会首先想到说话的风格或者说话的方式，比如幽默诙谐、慷慨激昂、娓娓道来等等。在准备演讲时，追求这些说话风格完全合情合理。但是，职场中的表达则有其特殊性。

首先，职场中的表达更加务实。假设你正在做工作汇报，清晰、简洁的表达方式可能比幽默诙谐更能起到作用。选择何种表达方式主要取决于它是否有利于解决最终的问题。

其次，职场中的表达涉及的范畴更广，绝不仅限于说话的方式。职场中的表达更要追求一种平衡。"平衡"二字是这里的关键词。做到平衡，我们的表达才能适应更多场合。

第一个平衡是平衡理性和感性。人不是纯粹理性的机器，人有感情和情绪。同样的内容，有人说完对方欣然接受，有人说完对方反应激烈。这就是表达的功力。表达方式不同，引发的情绪就不同。所以好话也要好好说。优秀的表达是润滑剂，错误的表达是砂纸，表达错误就像把砂纸按在别人脸上疯狂摩擦。好的对话应该站在理性和感性的交叉口。好的对话可以井井有条，同时也可以深情款款。

第二个平衡是平衡别人和自己。不考虑别人的表达很难解决问题，不考虑自己的表达很难持续。说话不考虑别人，可能就会不经意间伤到人，别人就不愿意听，工作上也不愿意配合，很多业务就推进不了；但凡事不能走极端，只考虑别人也不行。有人上了不少情商课，言语间都是替别人考虑，甚至为了让别人开心，不惜委屈自己，工作一天，回到家中，身心俱疲，这样的说话方式很难持续。一时委屈是顾全大局，一直委屈是扭曲自己。这个平衡在表达中尤为困难。

基于"务实"和"平衡"这两个关键词，表达三角有三个特别的顶点，分别是清晰简洁、情绪安全和人际勇气。

你可能会注意到，常用的描述人们表达的关键词并未出现在这里。接下来，我一一说明原因。

表达三角顶点 1：清晰简洁

表达三角的第一个顶点选择的是清晰简洁。为什么没有选择其他要素？这并不是随意为之，而是基于多年职场实战，去伪存真之后的选择，主要基于三点考虑：使用频率、安全性、价值。

首先，是使用频率的问题。在职场对话中，清晰简洁的沟通方式比起幽默等方式要常用得多。无论是开会、一对一聊天、发言，还是汇报，都能运用到。如果在这些场景下都想着如何说话更幽默，那才真是一种"幽默"。

其次，相比于其他沟通方式，清晰简洁的风格更安全。这种沟通方式哪怕不引人注目，也至少不会出现问题。清楚明了地阐述一件事，同时保持简练，这是职场中极其安全的表达方式，很少有人会对此反感。

最后，从沟通价值角度而言，清晰简洁也是极好的选择，可以在更短时间内传递更多有价值的信息。职场中，对话时间非常宝贵。如果是日常闲谈，耗费一上午也不嫌多，但是工作中的关键对话很少有这么长时间，往往跟你对话的人越重要，对话时间越短。你们公司总裁如果跟你座谈，很少会给你单独安排半天的时间。冗长的发言会扼杀机会。

清晰简洁是职场表达的第一要义。

有些朋友要在管理者面前做工作汇报，很激动，把一件一件的事情掰开了，揉碎了，慢慢说。往往会发生讲到一半被领导叫停的情况，领导一脸疑惑地看着你，问道："你已经讲了25分钟，可是还没有讲到重点。后面的内容可以快速过一下吗？"

发言的人会感觉很郁闷，自己熬夜准备的内容，大家连听完的耐心都没有吗?

在职场中,要把每个人想象成忙碌的聪明人。清晰的讲解是对大家智商的尊重,简短的讲解则是对大家时间的尊重。好的表达绝不是面面俱到。

同样是说清楚一件事,耗时 50 分钟和耗时 15 分钟效果是不同的,后者更能助你把握机会。当别人说今天太忙了,我只有 15 分钟的时候,希望你能自信地说:"没关系,10 分钟就够了。"表达清晰简洁的人更容易找到沟通的时机,因为对于沟通的时间要求不高,这样反而能更频繁地沟通,更好地发挥对话在工作中的价值。

表达三角顶点 2:情绪安全

人不是计算机,不是靠单纯的算法和程序驱动的。人有情感,而且情感在人的决策中起着很重要的作用,因此职场对话时还要关注情绪安全,这也是表达三角的第二个顶点。

在辩论中,道理往往占据主导地位,但在真实的沟通中,情绪能让道理"喝西北风"。好的对话需要照顾听者的情绪,人们的情绪安全了,才能听进去道理。很多人沟通时都倒在了这句话上:"他说的道理我明白,但他的态度我不喜欢。"

有些朋友可能知道一句话:"对事不对人。"现实中很多人错误理解了这句话,导致越沟通越差。

沟通从来没有对事不对人,沟通就是针对人的。

是人就有情绪，情绪不对，万事作废。我们不能把"对事不对人"作为自己粗鲁行为的借口，不能因为标榜自己"对事不对人"而忽视他人的感受，也不能用这种方式为自己的言语伤人行为遮掩。也就是说，不能以"对事不对人"为借口把粗糙的、伤人的沟通合理化。自觉合理，自然就不愿意改，问题就会一直存在。

工作多年，我看过不少人在开会时疯狂反驳别人，态度很傲慢，却依然认为自己无错，并时常抛出一句："我就是对事不对人，你别往心里去。"这实际上是在说："我就是这么个人，我说话就是不注意，但你不能小心眼。"每次遇到这样的情况，会场的气氛就会降到冰点。大家可能在口头上没有争执，但心中却充满了反感，实际上这种对话已经在无形中失败了。

想要做成事，就需要获得更多人的帮助。而想要获得他人的帮助，就需要先尊重他人，尤其是尊重他人的情绪。情绪是一个千变万化的元素，当情绪顺畅时，内心会感到安全，此时情绪可以成为对话的保护伞，当情绪堵塞时，内心会感到烦躁，此时情绪就会变成一堵墙，阻挡在对话双方之间。

优秀的沟通者知道，首先要保证情绪安全，情绪安全才能保证对话的安全。对于那些特别"理性"的朋友，这一点尤其需要强调。不要再标榜"对事不对人"，如果我们真的想表达这个概念的核心思想，我建议将"对事不对人"换成"谈事不伤人"，即在表达中我们讨论的是事情本身，同时要保证在讨论事情的过程中不伤害到别人的情绪。"谈事不伤人"这五个字在实际沟通中能更好地传递正确的沟通理念，让我们更清晰地理解应该如何表达。

表达三角顶点 3：人际勇气

优秀的表达不能只考虑别人，还要照顾自己。所谓情商不是取悦别人的法术，情商还包括取悦自己。

有矛盾，想说但不敢说；有问题，想谈但不敢谈。这时技巧和方法都不重要了。很多时候，不是不会说，而是不敢说。这就像学了最美的舞蹈技巧，却不敢在别人面前展示。

不是嘴笨，而是心怕了。这时最需要人际勇气。

人们在沟通时有三种角色，第一种是"人际懦夫"，这种人在面对问题时害怕沟通，对于重大问题也不敢争论，每天唯唯诺诺，忍受着内心的煎熬，只是因为他们害怕冲突。短期看起来和气生财，但长期看来，这种压抑可能会造成"内伤"。

第二种角色是"人际莽夫"，他们行事冲动，从不考虑他人感受，一味坚持自己的立场，到处制造敌人。他们可能会认为自己非常务实，但实际上视野狭窄，看不到他人的价值，认为自己的想法就是最佳的。每次沟通都做得像"骂人大会"，在职场中如此行事，会缺乏他人的帮助，不仅难以达成目标，更难以走远。

第三种角色是"人际勇士"，他们面对问题敢于沟通。当需要与上级对话时，他们有勇气直接找上级；当遇到不合理的事情时，他们有勇气去争论；当受到不公对待时，他们有勇气去表达。但"人际勇士"的特点并不只是敢于沟通，他们在沟通时还会考虑他人的感受，既能处理难题，又不会伤害他人。这样的人既能吸引人，又能解决问题，同时不会扭曲自己去迎合他人，他们最终能成就事业，在职场中走得更远。

敢于面对问题，还有办法解决问题，敢干而不盲干，这就是人际勇气。很多时候，我们缺的不是沟通的技巧，而是沟通的勇气。

缺乏人际勇气，就会导致照顾了别人的情绪而委屈了自己，那些未曾说出的话会变成积压在心里的炸药，突然有一天被点燃，炸得自己体无完肤。

情绪安全让你考虑别人，人际勇气让你尊重自己。情绪安全会让你巧妙地消解问题，人际勇气则让你敢于直面问题。

关于表达三角，我们可以做一个简短的总结。

- 表达三角共有三个顶点，分别是清晰简洁、情绪安全和人际勇气，三个要素相互配合，会产生共振效应。
- 清晰简洁更安全，能更好地发挥对话的价值。
- 情绪安全让我们在沟通中尊重别人的情绪，不伤害别人，不激怒别人，让沟通进行得更顺畅。
- 人际勇气要求我们在尊重别人的同时也要尊重自己，任何扭曲的方法都很难持久，一味迁就，一味忍让，并不是最佳的对话策略。
- 表达要注意理性与感性、自我与他人的平衡。

前文提到,职场表达重在"平衡"二字。

做到清晰简洁,同时关注情绪安全,这就是在平衡理性和感性。我以前工作时常开玩笑说:"好的沟通者,往往是雌雄同体的。"他们谈事情的时候,井井有条,清晰简洁,听的人很容易理解,花的时间也不多。同时他们在对话过程中非常关注人,能做到深情款款,使大家没有对抗情绪,愿意配合,不但能做到以理服人,还能以心服人,这是表达的高手。

一个优秀的沟通者,在沟通时会兼顾清晰简洁、情绪安全和人际勇气,在此基础上实现理性与感性、自我与他人的双重平衡,这样的表达才能够有效且长久。

"职场会说"九问

至此,我们已经初步了解了"会说三角"的基本思路,掌握"会说三角",我们就能高效地提升自己的对话能力,让自己更会说,更容易成事。

在"会说三角"中,"利益三角"好似交响乐团演奏时的指挥,把握大局;"内容三角"是交响乐团的曲谱,是演奏的推进器;"表达三角"体现的是交响乐团的演奏水平,同样的曲谱，演奏水平不同，结果也会千差万别。

当指挥得当，曲谱精良，演奏水平上乘时，一场高质量的演出就诞生了。同理，满足"利益三角"、"内容三角"和"表达三角"的要求，我们的对话能力也会大大提升。

"利益三角"、"内容三角"和"表达三角"共有三个三角形、九个顶点，这就是对话能力提升的三大主题和九大模块，在后续章节中，我们会介绍九大模块的子模块，逐步从理念框架过渡到职场实操。掌握好每个模块的内容，未来根据情景灵活组合，我们的对话能力就可以在高效训练中快速提升。

为了进一步方便读者运用九大模块，这里给出一个小工具——"会说九问"。设计对话时利用九个问题逐一排查，整个框架体系会更容易落地。

利益三角的三个问题

1问：（解决问题）我明确了自己要解决的问题吗？

2问：（他人利益）我明确了必须解决对方的什么问题才能解决自己的问题吗？

3问：（言行一致）我说的话在行动上兑现了吗？

内容三角的三个问题

4问：（吸引抬头）我设计了专门内容来吸引对方关

注发言吗?

5问:(赢得点头)我设计了专门内容来赢得对方的认同吗?

6问:(得到行动)我设计了专门内容来让对方行动起来吗?

表达三角的三个问题

7问:(清晰简洁)我的发言足够清晰简洁吗?
8问:(情绪安全)我充分考虑对方的情绪了吗?
9问:(人际勇气)我有勇气直面艰难的对话吗?

在平时,可以将这九个问题打印出来,在设计重要对话时逐一核对,以减少出错的概率,并培养自己的意识。不管是在述职时,还是在与其他部门开会时,或者在与团队沟通时,想想"九问"里你做到了哪些点。

多想想"九问",就是培养职场对话设计意识。边实战,边逐一排查,习惯就会慢慢养成。

当然,结合"九问"还可以做自我评估,看看自己哪些地方最需要提升。这样,后期可以着重加强,加快成长速度。能自省的人最容易进步。很多人的口才不进步,就是因为察觉不到问题在哪里。有觉察,才会自省;有自省,才能更快地成长。

在本书的后续章节，我们将逐一介绍具体的改变方法有哪些。

让我们一起行动起来吧！

让改变真实发生！

第二章

利益三角是对话指南针

霍尔巴赫曾说过，利益根本不是别的东西，只是我们每一个人视为幸福所必需的东西。在高效的职场对话中，我们不能避开"利益"这个词，也不应该避开。坦率地表明利益，清晰地分享利益，这是出色对话的起点，也是出色对话的基础。

在《明朝那些事儿》这套书中，有一个值得思考的案例。当时陈友谅在攻击洪都，镇守的朱文正在抵抗了一个多月后意识到洪都的抵抗已经达到了极限，于是派张子明去找朱元璋求援。见到朱元璋后，张子明并没有强调再不支援朱文正将撑不住了。这样的话是从朱文正角度出发的，不是最符合朱元璋利益的说法，自然也无法有效打动他。张子明聪明地更换了切入角度，他说：师久粮乏，援兵至，必可破。也就是说，陈友谅的军队死伤惨重，而且出师时间过长，粮食也匮乏，出兵援助朱文正，一定能击败陈友谅。这个符合朱元璋利益的说法更能获得朱元璋增援洪都的决心。

利益才是优秀对话的基石，在职场中尤其如此。

利益三角就像对话的指南针，引导我们前进。然而，要用好"利益"这个工具，却是易于说，难于做。如果使用不当，就容易迷失。利益就像《魔戒》中那个影响人性的戒指，如果驾驭不了，反而会受其控制。

利益三角的三个顶点分别是：解决问题、他人利益和言行一致。

想驾驭利益三角，就要重新认识对话。聪明的做法是将职场对话视为一个与对方签订利益合同的过程。合同达成，证明对话推进顺利；无法签订双方都满意的利益合同，代表双方并没有真正谈拢。从签订利益合同角度理解，解决问题、他人利益和言行一致各司其职。

解决问题阐明的是自己的利益，即通过对话，自己希望解决什么问题。解决问题是利益合同中对自己利益的描述和定义。

他人利益考虑的则是对方的利益，即对方能从利益合同中获得的东西，这是合同中有利于对方的条款。

言行一致是指个人必须遵守利益合同，个人行为需要符合其中的约定。唯有如此，合同才能真正生效。

所以，简而言之，职场对话是通过交谈来签订利益合同的过程。因此，对话的成功并不单纯依靠口才，合同的公平与合理程度对交谈有着重要的影响。如果合同合理，对话就会顺利进行，如果合同不公平，仅靠漂亮话很难走远。

从利益三角的角度看，好的职场对话有两个特征：讨论的合同很合理，双方皆可获益，而且不是一个不平等条约；谈妥的合同必须得到履行，言行一致是合同履行的关键。

聪明的沟通者绝不会只学习沟通技巧和发言方法，他们会花更多精力去设计合理的利益合同。设计利益合同的能力是看不见的沟通能力。如果沟通技巧是冰山露出海面的尖角，那设计利益合同的能力就是海面下深藏的底座。

不少朋友一直学习沟通技巧，但在职场中却没有精进，究其原因往往是表面技巧学习得过多，看不见的能力训练得太少。所以，沟通时要不断提醒自己，如果对话进展得非常不顺利，很可能是因为合同内容不合理。

在本章中，我们将对利益三角的三个顶点进行逐一阐述。

解决问题：对话前搞清楚自己要什么

在《爱丽丝梦游仙境》中，爱丽丝问柴郡猫："你能告诉我应该走哪条路吗？"

柴郡猫回答："那取决于你想去哪里。"

爱丽丝说："我去哪儿都无所谓。"

柴郡猫说："那你走哪条路都是一样的。"

在对话中，不要忘记自己的目标，不要忘记对话是为了解决问题，而不是为了漫无目的地聊天。如果失去了目的地，选择什么路线都无所谓。我们常提到"官僚"二字，所谓的官僚就是不解决问题，打了一圈太极，问题还在原地。这样的官僚让人恼火。其实我们自己说话也可能很官僚，找别人聊了几个小时，问题还在原地。要多解决问题，少做一些"官僚对话"。最怕自己心中骂着官僚，嘴上却说着无比官僚的话。

需要解决的问题一定要具体

有时候我们很想通过对话来解决问题，但往往发现自己无能为力，聊了半天却没有任何进展，感觉就像原地踏步。这是为什么呢？来看一个例子。

甲和乙在同一家公司工作，最近工作中遇到问题，需要做两次沟通，一次是跟合作部门，另外一次是跟自己的领导。

对话前甲心中盘算着：希望和合作部门的人沟通后，他们能积极配合自己；希望和领导沟通后，领导能多支持自己的工作。

乙在对话前心中也做着盘算，但是和甲略有不同：希望和合作部门的人沟通后，双方每周一可以通报一次重要事项的进度；希望和领导沟通后，领导能够允许自己聘用四个兼职。

在这个例子中，乙的做法符合一个对话原则：问题越具体越容易得到解决。这就好比夫妻之间的沟通，不要埋怨说："我觉得你不爱我了，你能不能更爱我一点？"而是要说："我知道你工作特别忙，但我希望我们一周至少可以一起吃两次晚饭。"

越具体的要求，越容易被满足。

方法1：更改个人需求描述的用词

提高沟通能力时，首先要学会精准地描述自己的需求，变模糊为具体，关键点就在于选词。

首先，避免使用笼统的动词，"配合""支持""重视"等都不具体。这些动词的共性问题是：没有明确指向任何一个具体动作。"配合"不如"提供三个技术人员全职加入项目组"，"支持"不如"提供200万元项目经费"，"重视"不如"将该项目列为公司的一级战略项目，并为项目配备专项财务人员"。

其次，少用笼统的形容词和副词，例如"亲密无间""大力""足够""及时"等。这些形容词和副词最大的问题是无法衡量，没有明确的评判标准。建议把这些形容词和副词更换为数词，例如"及时"不如"周三下班前"，"大力"不如"将经费从 50 万元提升到 100 万元"，"足够"不如"把团队编制从 7 人变成 11 人"。数词最大的好处是可衡量，可评判，更具有执行的意义。

自己说得含糊不清，就不能怪别人不支持、不帮忙、不配合。为了提升职场对话水平，我们需要专门训练自己的问题描述能力，将模糊需求转化为具体需求，降低对方行动的难度，促进问题的高效解决。

方法 2：无法描述问题时，召开讨论会

假设你现在负责运营一个直播间，但直播间的表现不佳。作为管理者，你组织了一次会议进行讨论。在会议开始前，你的定位可能是："我们要解决直播间运营不良的问题。"这种模糊的表述会降低会议效率。会议开始之前，有必要将需要解决的问题具体化，例如：通过讨论解决客户在直播间停留时长低于 20 秒的问题，通过讨论明确客户停留时长偏低的原因以及可能的解决方案。

问题越具体，会议就越聚焦，会议上的对话也就更容易产出结果。低效会议有一个通病：讨论的问题模糊又宏大。

可是如果自己暂时能力不足，无法清晰定义问题，该如何组织会议呢？

如果无法清晰定义问题，建议承认现状，先召开会议，定位问题，再开展后续对话。例如，团队在销售渠道开拓方面遇

到问题，但自己无法定位问题，此时可以明确告知大家以下内容：(1)最近我们会召开三次会议，通过研讨，定位销售渠道最需要解决的两个核心问题，方便后续集中解决。(2)明确后续两个核心问题的行动小组及小组负责人。

对话的原则是，尽量将自己要解决的问题描述得更具体，如果无法清晰定义问题，就先召开"问题定义会议"，明确问题后再开展后续对话。为了塑造这个习惯，建议在重要对话前动笔写下自己要解决的问题，看看是否足够具体，如果不够具体，就逼迫自己修改描述，多练习几次，这样对话的能力就会得到增强。

多轮对话解决大问题

商战电影中常常有这样的桥段：公司走投无路，在危急关头，主人公拦下大佬的车，车窗缓缓摇下，大佬冷漠地说："我只给你一分钟。"主人公慷慨陈词，一分钟后，大佬回心转意，把生意转交给主人公，生意就此达成，公司起死回生。有人会说这是口才的力量，但实际上电影中经常出现这样的桥段，恰恰说明这种情况在现实中并不常见，参考意义其实不大。

在现实中，很少有一次对话就能让公司起死回生，或者彻底搞定一个合作伙伴，或者让团队完全领悟公司战略的情况。早年间我在新东方做老师，也算是靠说话挣钱的人，颇有些自信。后来转行做管理，自然也觉得自己的发言有"两把刷子"，但发现果然只有"两把刷子"，多一把都没有。"两把刷子"连够用都算不上，颇为汗颜。

后来我发现一个怪现象，有个口才不灵的人，总是能激发团队的能动性，我很好奇，询问道："你口才好像也不是特别厉害，为什么却能激发大家的能动性？"他给了我一个诡异的回答："我口才不好，一次说不成，就多说几次呗。"话语简单，却极具启发性。越是口才好的人，越觉得自己了不起，谈话能力出众，于是高估自己，指望一次对话就扭转乾坤，一口就能吞掉大象。

一次对话威力有限，不能奢望过多。对话可以解决问题，但对话不是速效大力丸。与其奢望一次对话就解决所有问题，不如多开展几次对话，每次对话解决一两个小问题。后者对个人口才的要求也不会过高，在职场中更容易实现，也能更频繁地使用。

工作多年，我逐渐认识到即使自己口才好，甚至公司是自己创办的，也不能寄望于一次演讲就能取得巨大的成效。就像亲子交流一样，没有神奇的话语可以瞬间改变孩子，良好的亲子交流需要经过无数次的积累才能产生好的结果。工作中也是如此。因此，更靠谱的做法是将一次大对话拆分为多轮小对话，增加沟通频次，通过量的积累实现质的变化。

害人的毒药往往可以立竿见影，救人的良药却需要长期服用。

假设我们现在要通过对话解决一个大问题，那么不能指望通过一次对话就搞定所有，更具有现实意义的做法是将大问题拆分为小问题，然后开展多轮对话，每次解决一个小问题。实际开展的方式可能如下图所示。

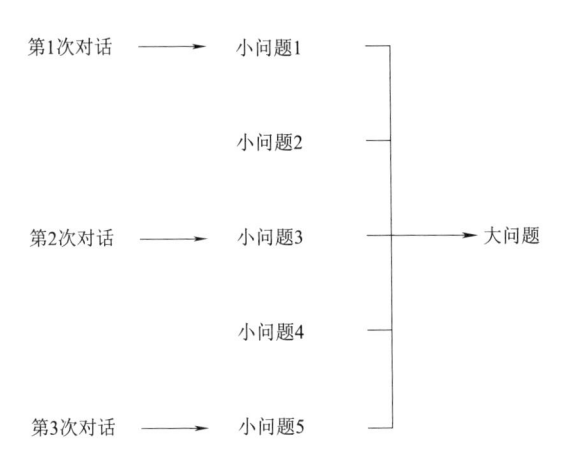

```
第1次对话  ──→  小问题1  ┐
                          │
                小问题2   │
                          │
第2次对话  ──→  小问题3   ├──→  大问题
                          │
                小问题4   │
                          │
第3次对话  ──→  小问题5  ┘
```

为了解决这个大问题，我们将其拆分为五个小问题。第一次对话解决小问题1，第二次对话解决小问题3，第三次对话解决小问题5。细心的朋友可能会产生疑问："小问题2和4呢？"并不是所有问题都能够通过对话解决，要解决小问题2和4，可能需要采用其他方法。

这就是现实职场中解决问题的多轮对话模式。

- 将大问题拆分为小问题；
- 有些小问题可以通过对话解决，有些小问题则需要采用其他方法解决；

第二章　利益三角是对话指南针

- 一次对话只能解决一小部分问题；
- 解决多个小问题可能需要进行多次对话。

了解了这个模式后，我们可以得到两个具体的行动启示。

启示1：学会拆分问题。

对话的价值在于长期积累，而不是一两次的灵光乍现。不要对每次对话期望过高，否则失望会更大。一个对话要解决的问题越多，越难成功，因为这对个人能力要求太高。拆分问题，可以让每次对话承担的责任减轻，这是明智的做法，因为即使你的沟通能力不是很强，也可以应对小问题，让问题变得简单易解。

启示2：提高小对话的频率。

学会拆分问题后，就可以使用"多次小对话"这个策略，非常高效，且易于操作。其核心思路是让对话变得简短、对话次数增多。每次对话的时间不长，仅解决一两个具体的小问题，不会有过高的期望，也不会高估自己的对话水平，只需踏踏实实地沟通。虽然每次解决的问题不多，但沟通频率高，最终会积少成多。这个策略有三个优点。

第一，小对话易于操作。小对话需要的时间短，所以更容易找到沟通的机会。与更高级的管理者进行两个小时的一对一沟通可能不太容易，但争取10分钟还是很有可能的。时间上积少成多，事情上积小成大，这就是成功的本质。虽然每次似乎没有做什么特别的事情，但次数多了之后效果就显而易见了。

第二，小对话容易提高沟通频率，沟通次数本身也具有价值。有时候，成功背后的关键就是次数。舞蹈者的脚、美术家的手，那些茧和伤痕都是次数的见证。很多时候，有了次数才能有后面的品质。沟通频率本身就传递出信息。如果你重视一个人，即使每次沟通都没有明确表达，只要你和这个人一对一沟通的次数足够多，他就会知道自己被重视了。这就是沟通频率的力量。

第三，不考验对方。如果一次对话要解决的问题很大，对方做决策时就会很复杂，这样周期就长，对话的难度自然就增加了。小对话解决的问题小，对方的压力也很小，他们不需要经受考验，也不会太麻烦，这样对话更容易进行，事情也更容易成功。

扩大解决问题对话的占比

同样经历 50 次对话，有些朋友只有 7 次对话在解决问题，而有些朋友却让其中的 34 次对话都在解决问题，这就是差距。通过对话解决问题的思路并不新颖，也不稀奇，真正困难的是提高使用率，实实在在地提高解决问题的对话的占比。每次对话，都要想方设法解决一个具体问题，即使是微小的问题也要尽力而为。

这样，就足够了。

人生就是这样，即使你不再学习新道理，只要能巧妙地应用已知的道理，也能让人生变得精彩。这个社会已经运转了数千年，不缺少道理，缺少的是善于将道理应用到位的人才。

要提高使用率，就要注意"不忘"这两个字。要在与他人沟通前，先确定自己想要什么，需要解决什么问题，将问题具体化，将大问题分解成小问题。这看似简单，但每次都记得却不容易。如果忘了这一点，即使沟通得再热烈，也很难取得成果。

贪念多时不忘

在对话中，我们往往会有各种贪念，比如想要展示自己的优秀，倾诉自己的苦恼，抱怨别人，等等。这些贪念会使我们的思维陷入其中，最终忘记了解决问题的初衷。因此，我们需要时刻提醒自己，无论想做什么，都要不忘争取解决一个问题。

着急准备内容时不忘

发言稿就像一间空房，空荡荡的，让人感到冷清。我们很容易想填满它，但是很多时候，我们会忽略了问题的核心，急于准备幻灯片。如果没有确定要解决什么问题，整个对话就会失去方向，幻灯片中的内容再好也不会起到作用。

情绪激动时不忘

人对情绪的控制就像骑象人对大象的控制。平时骑象人指挥大象,但是当大象激动时,骑象人就会失去对它的控制,同样,人的情绪也会失控,此时,对话甚至会变成吵架。这时候,人们往往会忘记要解决问题的初衷,只是任凭自己发泄情绪。因此,要像厉害的沟通者一样,哪怕对话很激烈,也要保持冷静,始终记得对话的初衷,记得自己坐在这里是为了解决问题。

例行公事时不忘

有些例会已经变成了一种形式,所有人都只是走过场,所谓的周会不过是例行公事而已。参会人员机械地发言、提问、做纪要、发会议纪要。这样的例会往往缺少目标和实际意义。因此,我们需要时刻问问自己,这个例会要解决什么问题?不要为了走过场而开会,而要确保开会就真正解决问题,不解决问题不开会。

他人利益:通过利他来利己

前文提到,职场的对话就像签订合同一样。解决问题是其中有关自己的利益的条款,但是如何体现对方的利益呢?现在我们要谈利益三角的第二个顶点——他人利益。

关于利益，有些人的思考方式就像《共赢》[①]这本书中所描述的那样：

> 如果我喜欢，它就是我的。
> 如果我能从你那里夺走，它就是我的。
> 如果我刚刚玩过，它就是我的。
> 如果我说它是我的，它就是我的。
> 如果它看起来像我的，它就是我的。
> 如果我先看到它，它就是我的。
> 如果我跟它玩得很快乐，它一定就是我的。
> 如果你把它放下了，它就是我的。
> 如果它被打碎了，它就是你的。

在对话时，如果表现出这样的利益思维，所有的口才都无济于事。我们必须改变思路，重新理解利益，并意识到别人的利益跟自己的利益并不是对立关系。真正的高手总是能够意识到自己的利益恰恰藏在他人的利益之中。人们往往可以通过满足其他人的利益来满足自己的利益，这也是共赢的重要思路。共赢才是职场中值得追求的完美结局。就像雪莱所说的："精明的人精细地考虑自己的利益，而智慧的人则精细地考虑他人的利益。"

---

① 这本书的副标题是：成功的秘诀就是忘掉自己的利益，全心全意帮助伙伴成功。作者是美国的约翰·C.麦克斯维尔，该书由北京时代华文书局于2016年出版。

巧用职场多元利益表

在繁杂的职场中,我们常常感到无力。无力决定他人的升职,无力决定他人的薪金,想尊重利益,分配利益,只可惜自己人微言轻。然而,在沟通中运用利益,并不一定需要我们手握金钱或权力。利益,并不仅仅指升职加薪。利益二字,含义极广。《三国志》中说:"人各有志,出处异趣。"这句话说的就是人性的多样性,人们追求和感兴趣的事物各不相同。理解这种多样性,运用这种多样性,普通员工也能够拥有权力。这种权力不是来自岗位,而是来自利益设计和分配的能力。多样利益运用得越纯熟,一个人在职场中的影响力就越大,沟通能力也就越强。

在此,推荐一个简单好用的小工具——职场多元利益表。表格中分类列举了职场中常见的不同利益诉求,基本内容如下。

职场多元利益表	
收益需求	获得金钱,升职晋级,获取资源,得到项目,赢得功劳,提高声誉
配合需求	事情能推进,难题被解决,疑惑被解答
成长需求	获得新知识,培养新技能,得到反馈
发展需求	人岗匹配,独立空间,实战机会,展示机会
情感需求	被重视,被接纳,被认可,被尊重,被关心
安全需求	提高参与度,降低风险,减少委屈

这个世界，千人千面，每个人都有自己的渴望和追求。我们不能总是以为自己想要的就是别人想要的，也不能简单地将所有人的需求都归为同一类。实际上，即使同一个人在不同时间点上也可能会有不同的需求。因此，要正确使用利益三角，我们必须深刻理解需求的多样性。接下来，我将对上表中不同的利益点进行简要说明。

第一组利益：收益需求

别人付出了，我们要为他们把"收益"备上。这种方法简单、实用、高效，双方都省力省心。我们不必费力地去说服对方，对方也不必费心思回避我们。职场中常见的收益需求有六种，分别是：获得金钱，升职晋级，获取资源，得到项目，赢得功劳，提高声誉。

（1）获得金钱、升职晋级

这两种收益是职场"硬通货"。能帮助别人升职加薪，沟通自然会容易很多。你可能无法自主做出这类决定，但可以在计划出台之初，就找到掌握权力的人，与他们协商，哪怕最后只是申请到一些团建经费，也是进步，跟团队沟通也会更有底气。面对硬通货，勿以利小而"不帮他人为"。

金钱的魅力不仅在于它的数量，形式也很重要。1000元的"核心人员专项午餐津贴"听起来会让人舒服很多，把金钱和荣誉合并在一起往往会有奇效。另外特别重要的一点就是性价比。有时定了奖金激励，大家依然无动于衷。团队里的老员工会觉得发钱虽好，但是自己不想用周末的休息来换这些钱。因此，失去性价比，现金奖励也会失效。

至于升职晋级，它包含的可不仅仅是职位，还有头衔、职级的变动。那种看着自己的职级一点一点提升的满足感，是最有效的激励。如果自己决定不了别人的职级，那就帮助对方增加筹码，这也算间接用上了这个利益点。

（2）获取资源、得到项目

这两种收益可能没有获得金钱和升职晋级的冲击力强，但它们却能影响一个人的战功等级。战功越大，升职加薪的潜力越大。如果你可以帮助他们获得更多的资源，或者得到某个项目，他们就有更多的机会做大战功，升职加薪也就指日可待了。

资源有很多种，例如项目资金、必要的设备、招聘编制等。获得这些人、财、物后，项目资源更有保障，做事成功率也会提升，对方可以更安心地去完成任务。

得到项目的方式通常有两种，一种是变成牵头人，另外一种是项目获得批准，可以启动。

在资源和项目获取上帮助对方，这就是一种有效助力。

（3）赢得功劳、提高声誉

这两种收益看似柔软无力，却能在不经意间激发出巨大的能量。在职场上，没有人不渴望声誉，没有人不想在众人的欢呼声中接过功劳的奖杯。我们可以公开地赞美他们，让他们在众人面前得到尊重和赞赏。不过，这种赞赏必须是真诚的，发自内心的，而不是装模作样。

这两种属于职场"软利益"，使用频率更高，且对使用者的个人权力要求不高，因此能够在工作中经常发挥作用，适用范围更广。

在2022年卡塔尔世界杯之后，梅西接受了阿根廷《奥莱报》的专访。记者说："人们说1986年世界杯是马拉多纳拿的，2022年世界杯是梅西拿的。"梅西听后莞尔一笑，说："没必要这么说，我曾多次表示，没有团队就没有个人的胜利。这句话在本届世界杯上得到了证明。首发的11名球员以及大名单中的23名球员都表现出了难以置信的水平。即使是那些没有出场机会的球员，他们也很出色。作为一个团队，我们相互信任，我们知道自己很强大，不管谁出场踢球，都不会成为球队的弱点。正如我一开始所说，阿根廷队获得世界杯冠军并不是因为我一个人。"

这段对话虽然没有华丽的辞藻，但表达得非常好。梅西能够与队友分享功劳和荣誉，而不是独占。如果一个人在团队中是尖兵，是高手，保持这种意识，多说类似的话，团队中的其他人会更愿意与之合作。有的人汇报工作时说的都是"我"，有的人汇报工作时却喜欢说"我们"，一字之差，天壤之别。为人大度，愿意共享功劳和荣誉，这才是对话高手。

使用这个利益点时要注意两个关键词：公开和仪式感。学会在重要的场合或者重要的人面前，很隆重、很正式地赞扬对方，以下是一些参考方法：在团队大会上公开表扬；写正式的感谢或表扬邮件,抄送各级领导;建立荣誉体系,配备证书或奖杯,如"最佳助攻手""最佳分享师"等,并将荣誉公开发布;组织团建,在团建活动中公开赞扬。

我曾经见过一位优秀的管理者,每次汇报都逐一表扬支持部门。他不是简单地随口一提,而是具体说明了他们所做的事情,讲得一清二楚,言语清晰,态度诚恳。这种有心的表扬就是一种好口才。

获得金钱、升职晋级、获取资源、得到项目、赢得功劳、提高声誉,这就是职场中的六种"收益需求",每一种都有其独特的魅力,全部应用就能做到"软硬兼施",可以让你在对话中更轻松,让你的言辞更具说服力。用心去体验、理解,然后用心去操作,你会发现,原来在职场对话中,自己可以有如此强大的"话语权"。

第二组利益:配合需求

每个人都有他们自己的事情要完成,都在渴望得到他人的配合,这就是人的配合需求。就像在场上奔跑的足球前锋,他渴望着别人为他送上一个精准的助攻。很多时候我们都在想如何让对方配合自己,但我们是否想过如何去配合对方呢?这是一种特别的沟通方式——通过配合他人来争取他人的配合。

常见的配合需求有三种:事情能推进,难题被解决,疑惑被解答。

（1）事情能推进

每个人都盼望着自己的事情能顺利推进。在这样的思考中，出现了一种新的配合方式，那就是"合二为一"，就是将"你的事"和"我的事"结合成一件事，变成"我们的事"。这不仅仅是简单的利益交换，更是一种深度的融合。如果别人的事比较小，而自己的事比较大，那就可以把别人的事并入自己的事。如果别人的事更大，那就把自己的事变成别人的事中的一部分。

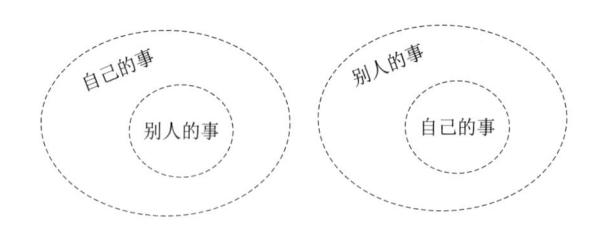

举个例子，某公司的市场部要进行新产品宣传，需要组织多场宣传会议，希望得到行政部门的配合，但一开始行政部门以人手有限为由拒绝了。市场经理发现行政部门正在进行工作创新，希望推动"行政工作业务化"，于是找到了切入点。

市场经理与行政部门负责人商定，把新产品宣传会议的组织工作整合为"行政工作业务化"的试点项目。新产品宣传会议成为对方工作规划中的一部分。

具体整合的内容包括：行政部门提供会议场地和物资支持，协助市场部顺利完成新产品宣传，并建立标准化的会议组织流程，形成可复制模式；市场部为行政部门提供宣传平台，协助行政部门宣传其工作转型的进展和成果，提高公司其他部门对行政部门的认知度；和行政部门一起向高层汇报宣传会议的联合升级方案。

有些人在遇到他人不配合的情况时，只会生出怨言，而有些人却能够找到他人的需求，将他人的事情和自己的事情融合在一起。这看似只是心态上的小小差异，实际上带来的结果却大相径庭。如果你跟上级沟通多次，但上级一直不同意你的方案，你可能会觉得上级不理解自己，不理解业务，甚至会有一些怨恨，觉得自己这匹千里马没有遇到好伯乐。

在这种时候，是否能转变心态，就是你在职场中是否能出人头地的关键。很可能问题的关键并不是上级没有理解你，而是他另有安排，不同的规划出现了撞车。

如果你能够换位思考，从他的视角看这个问题，你会发现，两种不同的想法会导致两种截然不同的结果：（1）这个方案不错，只是现在不太符合我的工作规划，一旦启动，恐怕会分散我们的资源，可能还会带来额外的风险。所以，方案虽好，但只能暂时搁置，等到时机成熟再来启动。（2）这个方案不错，而且恰好可以帮助我推动现在的工作规划。那么，我们就一起将其推进。

上级可能对工作有全局的规划和考虑，如果你想要推动自己的事情，你可以尝试从他的视角出发，思考这些事情与他的规划之间的关系。你如果能把你的事情融入他的规划中，就可能得到他的实质性支持。因此,这个"合二为一"的方法,尤其适合那些希望进行"向上管理"的人。

(2)难题被解决

在职场上,困难总是无法避免的,无论是业务上的困难,还是管理上的困难,都如影随形。聪明的人总会找出解决自身困难的方法,但那些真正有智慧的人,他们能解决的,却是别人的困难。解决别人的困难,就如同打开了通向沟通的一扇大门。

比如,在工作中,总会遇到那些棘手的客户,他们会带着情绪闹上门来,人人唯恐避之不及。但如果有人愿意,而且能够去解决这些问题,那么他在团队中的地位就会提升。假设你的一个同事在多次客户上门吵闹事件中帮你解了围,以后他向你寻求帮助,你会置之不理吗?如果能成为他人麻烦的终结者,就会变成多人合作的启动者。终结了麻烦,启动了人脉。

如果你表现优异,被提拔为管理者,但接手后发现员工状态不佳,不要着急开会或者灌鸡汤。务实一些,花时间去跟员工聊一聊,最好是一对一谈话,让其畅所欲言,以此充分了解大家遇到的难题。作为一个管理者,如果你能够帮员工解决难题,就不用担心没有威信,也不用担心大家干劲不足。为什么很多管理者在团队说话有人响应?因为他们尊重员工,重视员工的难题,并且真的采取行动。这些行动"无声胜有声",比漂亮话更打动人。

需要注意的是，职位越高，解决他人的问题就越重要。当一个人处在高位，手握权力时，本能反应往往是把权力当成解决问题的工具，手持杀威棒，对人进行惩罚、训话、批评，甚至排名。可是，权力虽然可以推进工作，但不一定能赢得人心。当你处在高位时，你应更加关注他人的困难，去解决他们的问题。这不仅是职场上的一种美德，也是管理者取胜的铠甲。

（3）疑惑被解答

我以前在新东方做教师培训的时候常说：普通老师上课安静无声，优秀老师上课欢声笑语，顶级老师上课却充满了"哦！原来如此"的声音。这声音代表学生的疑惑得到了解决，学生内心会有极大的满足感。在职场也是如此，有时利益就是对方关心的问题有了答案，疑惑有了结果。这种感觉很像走夜路的时候突然有人打开手电筒照在前面，路似乎都变得平坦起来。

在领导给你安排了一项工作后，即使他没有过问，你也要主动汇报进展情况。言辞可以简短，但汇报要时常进行。虽然对方没有主动询问，但他内心的疑惑可能并不少，比如：我安排的事情他推进了吗？他的工作方法是否符合要求？他是否关注到容易出错的几个关键点？花费是否超出了预算？

如果你能及时对这些疑惑进行解答，管理者对你的信任会增添不少，这样的沟通并不复杂，却非常有效。这就是沟通中的"简约而不简单"。

第三组利益：成长需求

在职场上，除了收益需求和配合需求，人们心里还会对一件事情充满渴望，那就是成长。大家每天忙于工作，但每个人都在默默地期盼，希望自己得到帮助，从小到大，从弱到强。成长的满足感是一种可以把心填满的幸福，帮人成长会让人更有魅力，更有凝聚力。

成长需求是人们心中重要的利益诉求。他们不愿意看到自己工作多年后，能力还在原地，他们要的是前进，是成长。有三大成长需求特别值得关注，分别是：获得新知识，培养新技能，得到反馈。

（1）获得新知识

获得新知识是指知道了以前不知道的事，而且知道这些事对后续的决策有很大帮助。新知识可能是业务知识或管理知识。很多大企业会组织专项人员在公司内做"知识萃取"，并建立企业内部的培训学院来传播知识，足见知识在企业中的重要性。当一个人可以在团队中成为重要知识的传播者，个人影响力就会增加。所以工作时还要学会留下一些时间整理知识，做好知识管理，并尝试把重要知识整理成可以随时分享的幻灯片。这样，如果领导突然要求你明天做一个分享，你就能不慌不忙地完成任务。这就是厚积薄发，机会总是留给有准备的人。

（2）培养新技能

新技能通常与操作和动作相关，是指学会了做某事，例如数据分析的技能，Excel 的使用技能，利用软件进行项目管理的能力，制作工作汇报材料的能力，写行业分析报告的能力，等等。如果你在团队中能成为某些技能的分享师，在组织中的影响力同样会提高。很多年轻人在职场中想迅速跟大家熟络起来，分享新技能往往是很好的办法，技能可以成为同事之间的沟通桥梁。我有一个朋友，他在加入新公司时，凭借一手极为漂亮的幻灯片，迅速打开局面，身边总是围绕着不少同事，大家向他取经，他也不厌其烦地跟大家解释说明，好人缘就这么建立起来了。如果自己不擅长花言巧语，可以学一些酷炫的且在职场中有用的新技能，这些技能就成了"沟通货币"，用起来相当顺手。混迹职场，踏踏实实学些新技能，真心去帮助大家是好办法。

（3）得到反馈

我曾经在新东方遇到一位学生，后来他去海外留学。在我们交谈时，他提到他非常喜欢并敬佩自己的导师。他觉得自己很幸运能遇到这位导师，每次接到导师的任务要求时，他都会非常努力地去完成，全心投入，发自真心，完全没有应付了事的心态。我询问他为什么会有这种感受，他告诉我，他通常需要写一些论文或文章，然后把它们发给导师看。每次看着导师详细的反馈内容都很动容。小到一个语法错误，大到论证逻辑，事无大小，皆有反馈。看到这些内容，他能切身感受到老师回复时花费了多大的精力。这种严谨、认真和负责任的态度让他深受感动，此后老师的话语变得格外有分量。

这就是反馈的力量。

假定你是一名管理者，在组织团队培训时遇到学员听课和完成任务效果不佳，大家投入不足的问题，这时该如何解决？很多管理者会选择在培训现场提要求，定纪律，甚至做一些惩罚的规定。这些管理动作看似威严，实际效果未必好。一个巧妙的方式是针对学员提供详细务实的个性化反馈。细致的反馈会让大家感受到培训跟自己的相关性，也能看到管理者对自己的在意和关心。反馈质量越高，培训就会进展得越顺利。此时，你引导学员投入，不再是以权威为后盾，而是满足他们内心的成长需求，你的方法，就是给他们一个精准而真实的反馈。

第四组利益：发展需求

人在职场，就会渴望发展，发展代表着未来拥有更多可能性，这种可能性会给人带来希望。在职场中，有四种发展需求值得关注，分别是：人岗匹配，独立空间，实战机会，展示机会。

如果你是一名管理者，这四点需要格外关注，给员工发展空间，让员工有机会发展，这是管理者发自内心的善良。

如果你是一名员工，要理解这四种发展需求，平时与大家相处时注意不同人的反应和诉求，此时的观察与分析能为自己后续走上管理岗位打下坚实的基础。

（1）人岗匹配

人岗匹配，就像两片拼图的完美拼合。如果一位员工陷入了与自己技能和兴趣都不符的岗位中,那他的工作将如同在水中挣扎,虽然全力以赴,却仍感到力不从心。大家的能力组合与兴趣爱好不同,适合的岗位也不相同。一个岗位对于甲来说是蜜糖,对于乙却可能胜似砒霜。

因此,在职场中,一个非常重要的利益就是将人调整到最适合他们的岗位上。人岗匹配具有神奇的力量,它使人们在工作时更有动力、更愉悦,并且更愿意配合。当一个人表现不佳时,未必需要做培训、给鼓励,可能更需要的是换岗。

(2)独立空间

独立空间是职场高手的必需品。一个武艺高强的人若是被捆住双手,就无法挥剑斩敌;一个舞蹈家困在转身都困难的小屋里,也无法舞动长袖。一个人才需要足够的自由度和空间才能充分发挥自己的能力。

如果有机会成长为一名管理者,一定要提醒自己,越强的人越需要独立空间,放手和信任是对他们最大的鼓励。如果你是一个管理者,面对有能力的下属,不要让他事事汇报,件件申请,否则这些人会疲于应付。相反,如果能够给予他们一定的自由度,让他们自主决策,反而能够激发他们的战斗力。这样,后续的沟通就会变得更加轻松和简单。

(3)实战机会

实战是人快速成长的关键,也是走向更高职位的必经之路。为了快速成长,人们需要接受"事上磨炼"。在一次演讲中,乔布斯曾询问听众中有多少人从事咨询工作,许多人举起了手。然而，乔布斯却表示这很糟糕，他强调头脑太重要了，不能被浪费掉，他不认为咨询行业本质上有什么不好，但如果一个人没有真正负责过一些事情，没有为之付出一段时间的努力，那么这个人就没有机会对自己提出的建议负责。他还指出，如果没有积攒那些因为犯错而留下的伤疤，没有过一次次从地上爬起来、掸掉身上灰尘的经历，就只能学到一些皮毛。如果只是参与并提出建议，但不对结果负责，也不参与实施过程，那么所提建议的价值是很小的，也很难有机会深入学习。即使你看到了公司的全貌，认知也很浅显。虽然你看到了一张全景图，但这完全是二维的，缺少实践经验，永远无法达到三维。

乔布斯的话非常有见地。一方面，它提醒我们如何自我成长；另一方面，它也提醒我们要关注他人的实战机会，这也是值得关注的利益点。给予他人实战机会，让他们走向一线、走向现场，真正为结果负责，而不是站在旁边做评论家，这就是给予别人成长的机会。优秀的管理者，常常会为团队成员安排轮岗，让他们有机会尝试不同的实战，因为只有这样，才能让他们的能力变得更加丰富，让他们有机会走向更高的岗位。

（4）展示机会

在这个世界上，有许多的工作机会需要把握，有许多的事情可以做。然而，真正能让别人看到自己的本事，有机会展示自己，并不容易，需要别人给自己一个舞台，这就是所谓的展示机会，也是一种被遗忘在角落里的利益。

给别人展示机会听起来简单，做起来难，特别考验一个人的格局。很多人不愿意让别人有展示的机会，直白地说，就是不愿意让别人出风头，更不愿意把舞台让给别人。

试想一下，如果你站在舞台的中央，你能否走下去，给别人留下一个展示的机会？如果别人心中有想法，你能否给他在公开场合表达的机会？如果两个团队合作，你能否在成果汇报时，让对方站到舞台的中央？这就是对气度的考量。

如果我们能做到这些，如果我们能更大度一些，如果我们在有机会时，能把别人往前推一推，与别人分享利益，我们会发现，自己的言语会更有魅力，也有更多的人愿意跟随自己前进。

第五组利益：情感需求

以前有人说离职无外乎两个原因，要么是钱少了，要么是心伤了。这话确实很有道理，人是有情感的，不是冰冷的机器。人们不仅在意自己的收入，也在意自己的心情。近年来，职场出现了一个新变化：从小就衣食无忧的年轻同事越来越多，他们充满活力，没有老一辈的"苦大仇深"，并不对生计感到焦虑。影响他们决策的因素中，情绪占据了极为重要的地位，越来越多的人不仅追求钱包的丰满，更希望自己的工作充满快乐。

所以，在新时代，情感也是人们需要关注的利益，职场中人们渴望的五大情感需求分别是：被重视，被接纳，被认可，被尊重，被关心。

（1）被重视

重视，就是创造奇迹的魔法棒。当你让他人觉得自己被重视，他们的创造力和热情就会被激发，带来意想不到的成就。这种重视，一方面表现在人，即让他们感受到自身的价值和重要性，另一方面表现在事，即让他们感受到自己的努力和成果得到了认可。你可以用三种方式去表达重视：直接明确表达、增加沟通频率和深入参与讨论。

直接明确表达：你的同事完成了一项重要的任务，直接当面告诉他们你非常满意，阐述他们工作的重要性，以及他们对团队的贡献，最好用实际理由和证据来说明。

增加沟通频率：你想要表达对同事的重视，可以增加与他们的交流和沟通，最好是一对一形式。例如：每周约谈15分钟，询问同事项目的进展情况，并在需要时提供帮助和支持。

深入参与讨论：当你积极参与同事组织的讨论，表现出极高的兴趣时，也能传达你的支持和重视。你的管理级别越高，这个信号越强烈，员工感知越强。

（2）被接纳

多数人害怕成为外人，更不愿成为被人排斥的异类。当团队中形成了内外之分，或者新人刚加入时，人们会特别渴望自己"被接纳"。此时，我们需要有意识地采取措施，让新加入的成员或者新的团队感到被接纳。这些措施或许简单，看似不起眼，不能用金钱来衡量，却能帮助人们更好地融入新的环境。

例如，新成员加入时，我们不能不闻不问，而应该主动采取措施，介绍他们认识团队成员，组织团建，提供必要的培训，让他们参与到团队的讨论和决策中去。这些行动，看似微不足道，却有种别样的温暖，让新人感到被接纳。

再比如，当不同的团队需要融合时，我们应该尽量避免用"我的人"和"你的人"这样的词语，这只会加剧团队的分裂。如果你是负责人，应该将所有人聚集在一起，鼓励大家共同参与讨论，听取每个人的意见和建议，尊重他们的差异，并共同解决问题。你需要发自内心地把所有人当成自己人，让所有人感受到自己是被接纳的。这种接纳新团队、融合团队的能力也是管理者走向更高职位所必需的。能驾驭团队融合说明管理者有能力掌控更大型的团队，所以每次融合都是一次对管理者格局的考验。

（3）被认可

人总会在付出了努力，完成了某项任务后，渴望被认可。对此，我们需要做的不仅是关注，更要真心地赞赏。如果敷衍地回复"知道了"，那就如同告诉他们"你的工作我并不看在眼里"，使他们感觉自己的努力白费，好似精心装点的蛋糕被人随手摔在地上。

因此，当你与团队同事、下属，甚至是别的部门的人一同工作时，记得及时表达你对他们工作的认可。让别人感受到做多做少不一样，用不用心不一样，有没有结果不一样。

值得注意的是，"认可"这个词与"仪式感"紧密相连。

如果我们能将赞扬的话语与盛大而隆重的仪式相结合，效果将更好。所以，尽可能地去创造仪式感满满的场景，让他们真真切切地感受到你的赞赏。如果实在做不到这一点，那至少做个有心的人。当他们完成任务的时候，给他们发个诚挚的祝贺短信，虽然别人看不见，但这份心意却能直达他们的内心。

（4）被尊重

在职场中，被尊重是一种极为重要的情感需求，特别是在地位悬殊的情况下，身处低位者更需要被尊重。如果领导习惯性地指责下属，就会加剧团队内部的"暗对抗"。虽然大家表面上唯唯诺诺，但内心会越来越抵触，长此以往，管理者的规划会很难落实。在许多公司中，业务部门会误认为自己地位更高，缺乏对职能或支持部门的尊重。如果你是业务部门的同事，切莫自视甚高，而是要真正尊重职能部门的同事，努力做业务部门中最尊重职能部门同事的人。这样你将获得更多的支持，业务更容易壮大。

尊重他人最重要的是不要选择性尊重或"计算"尊重谁。在职场中，有些人虽然对我很尊重，但我并不舒服，有时甚至还很反感。这是因为他们面对不同的人有不同的态度，他们的尊重是根据个人利益计算的，对我的尊重不过是一种计算的结果，这让我很不舒服。他们尊重的是"有利"，而不是我本人。不要过高估计自己的计算能力，舍弃计算，踏踏实实地尊重你遇到的每个人，尊重你的上级、同事和下级，这是更简单、更值得坚持的行事法则。不要因为他们的地位不同，而对他们采取不同的态度，对别人的尊重应该是无所偏颇的，因为这才是尊重的真正含义。

（5）被关心

关心是一种力量。利益关系不一定是冰冷的，多一些关爱和关怀，也能产生奇效。在看似冷漠的职场里，如果你能成为一个温暖的人，许多人会自然地向你靠近。在职场上摸爬滚打这么多年，我发现了一个奇怪的现象：越是冷漠的地方，越需要温情。越是遭遇过冷漠的团队，关心的力量越大。关心他人时，眼中不能只有事情，还要有活生生的人。如果最近对方情绪低落，那么除了询问工作进展，还要关心一下对方，让他感受到自己的情绪有人在意。

情感需求并非琐事，关注情感需求更非廉价的管理策略。在很多情况下，高级管理者接手新团队的时候，也需要考虑这个问题。如果原先的管理者风风火火，对工作要求严格，业绩优秀，那么接任的人最好是善于照顾他人感情的人，这样才能在团队中更好地融入，激发大家的热情。这样的团队战斗力强，最需要通过关心来再添一把力。

上文提到了五种重要的情感需求，运用它们时有两个要点需要额外关注。

首先，衡量情感需求是否被满足，关键在于你是否能和他们沟通到深处，探讨那些他们平时憋在心里的想法和感受。如果你是一名管理者，你要思考员工是否敢于表达真实的想法，勇于为团队的发展献计献策。如果你是一名员工，要看看是否有人愿意与自己交心。如果大家只能谈论事情本身，而无法谈及事情之外的情感，说明情感需求并未被满足。

其次，情感需求有个微妙的时间点，我们称之为"情感窗口期"，想要满足情感需求，必须把握窗口期。只有在这个窗口期内满足情感需求，才能让这种需求发挥出最大的效用。如果错过了这个时机，满足情感需求的效力就会急剧消退。比如，同事辛辛苦苦花了三周时间完成一项任务，如果当天就予以认可，效果自然是最好的。如果等到半年后，再热情地对他道谢，那可能已经起不到什么作用了。所以，真正懂得满足情感需求的人，是善于把握沟通时机的人，他们知道何时、如何满足对方的情感需求，这样才能真正做到心意相通。

第六组利益：安全需求

在职场中，人们还有一种极为特别的情感需求——安全感，这就是人们的安全需求。常规的情感收益是在做加法，而安全需求则是在做减法。通俗来说，常规收益研究的是"跟着你有肉吃，很舒服"，而安全需求研究的是"跟着你不会出事"。满足安全需求的方法有三种，分别是：提高参与度，降低风险，减少委屈。

（1）提高参与度

人的安全感很大程度上源于对事情的参与程度。面对陌生的事情，人们往往会产生疑虑和不安。因此，让别人融入进来，是获取信任的一大关键。你想说服老板更加信任你,也许并不需要翻箱倒柜地找证据,你所要做的可能只是找机会让领导参与你所做的事情。这就意味着在事情刚开始的时候就要与领导充分沟通,让他在决策时发表意见,在执行时让其知晓进展,做出结果后让领导充分参与。这种参与感会使领导心中有数,他了解得越多,就越信任你,因此也更容易支持你的提案。在这个过程中,你需要做的是创造一种对话的氛围,让对方深度参与到事务中来,帮助他建立熟悉感。这对于那些能力强大的员工来说尤其重要,因为管理者往往担心这类员工会失控。所以,越是这样的员工,越需要让管理者参与到自己的工作中,减少沟通中的误解和阻力。因此,让别人深度参与到自己的工作中是获得信任的重要方法之一。聪明的员工会知道说服他人需要的不是辩论,而是各方深度参与的对话。思路不同,后续的行动自然不一样。

(2)降低风险

在工作中,我们会遇到一类人,他们对事情的发展有着独特的期望,即"宁可不出彩,也不能出事"。与收益相比,他们更讨厌风险、错误。对于这类人,我们必须学会从反向角度进行沟通,不能只强调好处、未来和希望。相反,我们需要关注他们的担忧,保障他们的"安全需求",这是开展对话的重要思路。

举个例子,当你向这类人提议一个新项目时,他们可能会表现出很强的抵触情绪,他们会提出许多问题,如可能出现的差错、潜在的风险以及项目失败的后果。这时，我们需要从控制损失的角度回应他们的担忧，强调我们已经有了完善的风险控制措施，并且可以随时调整计划以应对问题，这能够增强他们对项目的信心。

除了从反向角度沟通，我们还需要建立一个能够处理错误和风险的机制，以应对不可避免的失误和意外。这不仅能够让那些追求安全感的人放心，也有助于团队提高应对突发情况的能力和效率。风险应对机制是与追求安全需求的人沟通时非常值得重点说明的内容。

与这类人沟通时还要注意一点：不能过度解读。很多人容易将对方的风险厌恶看作一种敌对情绪，认为对方是在针对自己，此时沟通障碍就会形成。要时刻提醒自己：对方讨厌的是风险，不是你。

在职场中，我们应该学会理解和尊重不同人的价值观和需求，而不是试图强行改变他们。在与那些注重控制损失的人打交道时，安全才是沟通的命门，而不是收益。

（3）减少委屈

委屈是一种很不爽的感受，也会增加个人的不安全感。两种常见的委屈需要减少，一种是"当背锅侠"，另外一种是"被穿小鞋"。

首先，出了问题不要把所有责任往别人身上推，到处"扔烂柿子"很讨人厌。这样撇清了所有责任，也损坏了所有的信任。曾经有人向我抱怨，他不喜欢与团队领导沟通，就感觉他说的话像苍蝇似的在眼前绕来绕去，特别心烦。他说得越好听，自己就越反感。为什么会这样呢？他痛苦地说出了自己的经历。有一次，项目出了大问题，他原以为领导会挺身而出，可那位领导却在大庭广众之下，将所有的责任都甩在了他身上。从那一刻开始，他不再信任那位领导。

其次，如果别人的观点和自己的不一样，不能暗地里报复，搞小动作，不然以后你能听到的真话会越来越少。为什么会议上很多人不愿意说话？因为一旦说错话，要付出的代价太大。大家心中想的是"多说无益，少说为妙"，这样的会议注定是低效的。如果你走上了领导岗位，你应该让人感到安全，让他们大胆地说出自己的观点，无论好坏，都能得到回应，哪怕说错了也无大碍。让对话氛围变成"说错没事，说好有赏"，只有这样，你才能听到真话。想要做出好决策，能听到真话是重要前提。

这里有一个问题，自己可以不甩锅，要是别人把锅乱甩给自己该怎么办？遇到这种人时，工作过程中要牢记八个大字：记录所有，公开所有。甩锅的人往往利用的是信息不对称，上蒙下骗，撇清自己。八字箴言就是用来消灭信息不对称的，让所有"锅"的归属极其公开透明。如果跟对方开会确定了后续的工作安排，一定要形成文字纪要，同时发送给所有相关领导，明确每件事的责任人。如果跟对方打电话敲定了一件事，那也要形成文字纪要，并通过发送邮件确认，同时抄送相关人。现在很多在线文档很好用，可以为合作的事项建立一个在线文档，过程中的所有决定全部统一记录，及时更新。只要坚持"记录所有，公开所有"，后续别人想甩锅也没那么容易。

写到这里，我在本书中总结出了六类利益诉求，细分出了25个具体的利益点。你可能会想："这么多的利益点，我能记住吗？我在实际工作中怎么用？"对此，我有几个建议。

首先，我们需要承认职场中人性的复杂，做好心理准备。每个人有自己的需求和利益，每个人在不同的时间段需要的东西也会有所不同。处理这些，好比在亚马孙热带雨林中穿梭。做好充分的心理准备，不要害怕，更不能退缩。丛林虽然复杂，多走几次，多观察，多记录，多思考，就能慢慢找到路。接受复杂情况，处理复杂问题，这恰恰是我们最需要的。你能攀登到更高的位置，不是因为你能处理简单的问题，而是因为你能应对复杂的情况。

其次，利益的复杂性会形成学习门槛，有门槛就有筛选，这反而会让你做的事情更有价值。职场中，人人都可以打开电脑上的文档输入文字，但这并不足以让你从众人之中脱颖而出，因为这个技能没有门槛，所以它价值低。如果你能主动学习，不断实践，跨越这道门槛，你将拥有一项特殊的能力：别人沟通不了的事情，你能沟通；别人劝说不了的事情，你能搞定。你的能力将与其他人形成差别。工作中，一个人能运用的利益点越多，他的沟通能力就越强，能调动的人也就越多，能协调到的资源也更丰富。聚人、聚资源是做大事的前提。想做成事就不要怕门槛，学习门槛恰恰是人和人之间差距的来源。

最后，遵循古老的原则：好记性不如烂笔头。建议你把职场多元利益表打印出来，这样在思考的时候就可以随时查看，这也是我将利益点总结为一张表格的原因。每次遇到需要沟通的事情，就拿出这张表，一项一项查看。只要使用的次数足够多，就能实现熟能生巧。团队开会讨论时，也可以打印出来，人手一份，对照利益表，一起讨论，这样团队的沟通能力也能得到大幅提升。

"他人三问"：把别人的利益和自己的利益联结起来

小虎队曾经演唱过一首名为《爱》的歌曲，歌词的开头几句是："把你的心我的心串一串，串一株幸运草，串一个同心圆。"如果把这里的"心"换成"利益"，恰好符合利益三角的核心思路。将别人的利益和自己的利益相联结，这是很多对话顺利进行的关键。

遇到问题时，可以默念一句话：通过解决别人的问题来解决自己的问题。

解决别人的问题 ⟶ 解决自己的问题

自己的问题是一把锁，别人的问题恰恰是开锁的钥匙。思路捋顺了，很多复杂的问题都会变得简单，做事情也容易找到切入点。

新员工加入团队，如何与之沟通？想想新员工在刚入职的一段时间会遇到哪些问题。

团队工作没有士气，如何与之沟通？想想团队工作中遇到了哪些问题。

自己要推进一个项目，如何与管理者沟通？想想这个项目可以帮助管理者解决什么问题。

必须硬着头皮和关系不好的同事沟通该怎么办？想想什么样的利益能促使对方放下偏见跟你站到一起。

推进工作时需要其他部门合作怎么办？想一想通过这次合作可以帮助兄弟部门解决什么问题。

对话时最关键的就是切换视角，把关注点从自己身上移开，放到别人身上。很多时候答案不在问题中，只有跳出来，才能找到破局的方法。"不识庐山真面目，只缘身在此山中。"自己的问题就像一座山，要看清它，就要走出来。

介绍一个好用的小工具——"他人三问"。这个小工具可以用来帮助我们转换视角，更好地运用职场多元利益表。接下来我将结合一个案例进行说明。

假设你被公司委派在五个区域团队中推广内部管理系统，该系统适用于所有销售人员。针对这种情况，你应该如何设计自己的发言呢？

即使你从未接触过这类工作，这个案例仍然有意义。在工作中，人们不会只接触自己熟悉的业务。处理未曾接触过的新业务或带领新团队是再常见不过的事情了。晋升得越快，接触新事物的机会就越多。

在这个案例中,自己要解决的问题很清楚:让所有销售人员接受新的管理系统并开始在工作中使用,尽可能让使用率达到100%。

当准备介绍这个系统的时候,我们很容易就会陷入一种思维模式,只是单纯地介绍这个系统的优势,投入了多少资源,有多少个惊人的功能。然而,这样的推广方式并不一定能带来我们想要的效果。通过"他人三问"这种方式,我们可以建立起一种全新的思考逻辑。

通过"他人三问",我们就不再是单纯地考虑自己的问题,而是把视角扩大,时刻思考如何达成双赢,如何解决对方的问题。这三个问题逐步推进,引导我们找到新路径。"他人三问"内容如下。

问题1:为了达成目标,这件事会涉及哪些人,我们是否已经考虑到了所有的人?

回答这个问题最关键的是不要遗漏关键相关人,如果遗漏了重要角色,我们的对话设计就会有盲区,后续容易惹怒不该惹的人。在上面的案例中,我们的目标是在销售团队中推广管理系统,但仅考虑"销售人员"这一个角色是不够的。我们需要更加缜密地考虑哪些人是关键相关人,以确保我们的发言内容是全面的、合理的。

为了减少遗漏,这里有一个小技巧,就是"四看找人"。

为了让销售团队更容易接受新系统，我们需要考虑不同层级的人和不同部门的同事。具体来说，"四看找人"就是：

（1）向上看：寻找管理者

本案例中不仅要考虑销售人员，还要考虑他们的领导。这样我们才能在销售团队中推广新系统。管理者和员工的诉求并不完全相同。

（2）向下看：寻找一线员工

本案例中需要关注一线销售员，他们可能管理层级比较低，却是极为重要的人。如果我们不能让他们接受新系统，即使领导点头，也无法真正推行下去。

（3）左右看：寻找平级的其他人

要推广系统不能只盯着销售团队，还要关注与销售团队配合多的团队。我们可以看看这些团队是否存在需要解决的问题，并争取他们的支持来帮助销售团队更好地接受新系统。

（4）前后看：关注新员工和老员工的不同诉求

这是考虑到进入公司时间的不同。在销售团队中，新销售和老销售的诉求并不一致。新销售关注如何成单，愿意接受新事物；老销售可能想的是如何赚钱但别太累。因此，我们需要考虑他们的不同诉求，制定更加符合实际情况的策略。

在这个案例中，结合"四看"，找到以下相关人员：销售团队的管理者、新销售、老销售以及与销售团队有较多合作的其他团队。

问题 2：为了达成目标，我们需要解决这些人的哪些问题？我们可以为他们带来哪些好处？

需要结合职场多元利益表针对各个角色逐个进行分析。最好把"个人思考"和"走到现场"结合起来，一方面自己可以对照打印出来的表格写下利益点，另外一方面还要走出去，找到真正的当事人，提前了解他们的情况，进行多轮沟通并多加观察。所谓"答案在现场"，走到现场比单纯空想要更靠谱。

在该案例中，我们可以根据职场多元利益表罗列不同角色的利益诉求。

（1）销售主管

配合需求（事情能推进）：销售主管正在推动"团队管理数据化"，期待看到每个销售人员的详细数据看板，方便进行更细致的销售动作管理。

安全需求（降低风险）：希望进行大额销售预警，并控制大额订单的退费风险。

（2）新销售

成长需求（获得新知识）：公司产品多，新销售对种类繁多的产品不熟悉，短期内很难记住所有售卖要点。

成长需求（培养新技能）：想学习更多的销售技巧和方法，提升个人的谈单能力。

成长需求（培养新技能）：希望获得更多谈单工具，帮助自己快速成单。

收益需求（获得金钱）：希望能够提高新销售的提成比例，

增加个人收入。

（3）老销售

配合需求（难题被解决）：不喜欢填各种无用的表格，觉得浪费时间，填完之后也没什么实际用处。

配合需求（难题被解决）：那些标准流程只适合新手，对自己而言使用它们反而影响了谈单效率。

（4）相关团队

配合需求（难题被解决）：交接工作过于烦琐，需要反复确认，不知道事情推进到了哪一步。

对各方利益诉求了解清楚后，要调整发言，把发言关键从系统转移到四类角色的诉求上来。

原发言目标的切入点是系统，核心思考要点是如何介绍系统的功能和优势。

新发言目标的切入点是听众的问题。从人们在意的问题出发，介绍清楚在系统支持下，这些问题如何快速解决。

好的推广不是介绍自己，而是为他人的问题指路，这样的介绍针对性更强。否则，纵然罗列了系统的很多好处，也未必能打动大家，因为系统的好处可能和大家关心的问题对不上，这种错位和脱节会降低发言的效果。

问题 3：如果我们不能同时解决所有的问题，那么我们应该首先集中解决哪些问题？

理想很美好，但现实很骨感。纵然真心想帮助他人解决问题，也无法真的做到所有问题"一键消除"。饭要一口一口吃，路要一段一段走，解决他人的问题也是如此，贪多反而嚼不烂。

取舍是必要的。要做出取舍，就需要进行排序。这里涉及两个方面的排序，一个是人员的排序，另一个是问题的排序。

假定在刚才的案例中，销售团队由三个老销售和 22 个新销售组成。考虑到老销售较为固执，不好说服，排序上就可以靠后。相关配合团队在前期不能起到主导作用，也可以排在后面。这样可以在角色上优先考虑新销售和销售主管。其他人的问题可以在第二阶段处理。

接下来做问题排序。如前所述，新销售的利益诉求共有四个。系统已经上线的功能可以很好地解决新销售的前两个诉求。那么第一阶段就应该聚焦在这两点上。

销售主管的利益诉求有两个。目前对销售预警还无法支持，但数据看板的问题可以完美解决。第一阶段就可以着重解决团队管理数据化的问题。

这样综合排序后，第一阶段要解决的问题就是如下三个。

①新销售的成长需求（获得新知识）：公司产品多，新销售对种类繁多的产品不熟悉，短期内很难记住所有售卖要点。

②新销售的成长需求（培养新技能）：想学习更多的销售技巧和方法，提升个人的谈单能力。

③销售主管的配合需求（事情能推进）：销售主管正在推动团队管理数据化，期待看到每个销售人员的详细数据看板，

方便进行更细致的销售动作管理。

人员和问题聚焦后，系统推广的发言就可以围绕这三个诉求展开，详细描述这些问题出现的场景、产生的影响，并提供解决方案，展示系统在其中起到的作用。甚至可以进行使用系统前后的对比，让大家更直观地感受到系统的价值。一旦人们认为系统是解决自身问题的好工具，系统推广会进展得更为顺利。

系统推广的核心不是系统有优点，而是系统能解决别人的问题，给别人带来实际的好处。在公司内推行某项工作，这个思路都很适用。

把职场多元利益表和"他人三问"结合起来，我们的发言就更有针对性，对话就有了清晰的方向。方向对了，哪怕行进得慢一些，也能走到目的地。

冲突时不忘他人利益

人们在冷静的时候分析问题总能头头是道，但一旦情绪化，就会把所有的理性都抛到九霄云外，无暇顾及共赢，关注点变成了如何发泄、如何争辩。这时沟通往往会升级为冲突，冲突中双方情绪都很激动，互相刺激，越沟通，矛盾越升级。《道德经》中有一句话是："反者，道之动。"越是在发生冲突的时候，越是情绪激动的时候，越应该保持冷静，反向操作反而出奇效。

能够在冲突中保持冷静的才是真正的对话高手。冷静下来做什么？踏踏实实地分析对方的利益是什么，并设法满足。这在一开始极为困难，情绪会蒙蔽我们的双眼，但亲爱的朋友，请在平时就把"冲突时不忘他人利益"这几个字反复灌输给自己，有一点念想，就有改变的希望。当这几个字发挥作用的时候，我们处理冲突，运用利益的能力会再上一个台阶。

人在职场难免会遇到冲突。冲突不可怕，可怕的是不恰当的处理方式。对话高手也常常吵架，人非圣贤，不可能永远不生气、不吵架，不同的是吵架后的处理方式。生气时不被冲昏头脑，依然分析对方的利益，就掌握了真正的主动权。

或许在冲突时，很少有人能从情绪中抽离出来。建议准备一个沟通笔记本，把"冲突时不忘他人利益"写在笔记本上。夜深人静时，在自己的情绪平复后，拿出笔记本，读一读，或许就能让自己的思维产生转变。永远提醒自己，人在冲突中依然有选择，可以选择发泄愤怒，也可以选择通过满足对方的利益来处理冲突。

请看看下面的案例，并做自我提醒：情绪激动时，还是要分析对方的利益。

案例1

冲突场景：销售代表李娜和市场部门的王浩在一个重要的项目上产生分歧，两人在会议中就项目的推广策略进行了激烈的争论。

情绪激动的原因：李娜认为王浩的推广策略过于保守，不够积极,无法吸引新的潜在客户;而王浩则坚称他的策略更为稳妥和实际,可以保证既有客户的满意度。

依然想着对方的利益:此时李娜是否能冷静下来思考对方的利益就是关键。李娜深吸一口气,冷静下来,思考王浩的立场。她明白王浩关心保留客户、维护公司声誉的稳定性,并且不愿意冒太大的风险。于是,她提出一个折中方案,即逐步尝试新的推广策略,也保持核心客户的满意度。

案例2

冲突场景:在一个IT(信息技术)公司,项目经理张伟和开发人员陈旭对项目的进度产生了争议。

情绪激动的原因:张伟压力很大,因为他要向上级报告项目进度,但陈旭无法在规定时间内完成任务。两人在会议中吵了起来。

依然想着对方的利益:张伟意识到,虽然他需要尽快完成项目,但也要理解陈旭的工作负荷和开发的复杂性。他建议降低某些非核心功能的优先级,这样陈旭就可以集中精力解决核心任务。

案例3

冲突场景:设计师赵静和产品经理刘斌在设计一个新产品的功能时产生了分歧。

情绪激动的原因:赵静认为设计需要更多的创新元素,而刘斌坚持注重功能性和用户友好性。在会议上,他们因为这个问题产生了冲突。

依然想着对方的利益：赵静冷静下来，她理解刘斌关注产品的实用性和市场接受度。她建议在维持核心功能的同时，尝试一些小的创新元素，以在实用性和创新之间找到平衡。

很多方法和技巧其实并不复杂，难得的是在困难的条件下仍然能够自如地运用它们。就像篮球比赛中的投篮动作一样，虽然是非常基础的动作，但当比赛来到总决赛的最后 5 秒钟，一球定胜负的时候，能够保证动作不变形，不让紧张情绪破坏投篮姿势，将球稳稳投进并不容易，能够做到这一点的球员往往具备巨星潜质。

沟通也是如此，创造共赢、照顾他人利益，这些都是基本要求。但在激动的时刻或争吵的情况下能够坚持这些原则的人才是真正的沟通高手。

深入理解他人利益的五个方法

深入理解他人利益需要实际的努力和观察。以下五个建议值得持续实践。

方法 1：养成记录习惯

许多人认为锻炼口才的第一步是"张嘴说"，但与人们的直觉不同，锻炼口才的第一步实际上是"动手写"，下笔先于动嘴，练习效果更佳。口齿不利常由思维混乱引发，因此动手写是训练口才的有效途径，可以从源头解决问题。在训练职场口才时，动手写利益分析就是一个快速提升的好办法，把"他人三问"的思考过程全部写下来，写的时候把职场多元利益表打印出来，放在旁边，当成一个辅助工具。动笔的过程能强制大脑思考，思考到位了，对话时才能说到点子上。很多人说话啰啰唆唆，核心问题就是思考得太少、写得太少。很多人可能没有想到，训练口才竟然还需要动笔写作！其实，这种"先写后说"的方式常见于各种场景。例如，在新东方备课时，老师通常会选择先准备授课计划、授课幻灯片或者授课教案。讲台上的侃侃而谈，看似随性，却是精心准备的结果。

此外，动手写还有一个额外的好处：方便复盘。文字不会骗人，如果在事后发现问题，可以找到文字记录，查找不妥之处。这种看似笨拙的方法非常高效，可以轻松建立一个"动手写——对话——复盘"的良性循环。很多时候，笨办法做到极致就是绝招。

方法2：找到隐藏在深处的利益点

有时，人们的真正利益点可能被藏在深处，尽管不一定是因为他们有意隐瞒。就像许多人无法清晰地表达自己的梦想一样，他们也无法清楚地表达自己的真正诉求。因此，我们需要从表面上的话语和行动中寻找线索，以发现他们的深层利益点，这个利益点可能对方自己也未曾察觉到。

例如，一个同事在会议中总是提出问题或反对意见，让你感到困惑。初看似乎是她在找毛病，但深入分析可能会发现她只是对风险敏感，担心事情出错。理解她对安全利益的高需求，能帮助你看到她的优势，并考虑如何发挥其优势，比如在会议中设立"反对官"的角色，让她在这个角色上发挥所长，这样也能减少团队和她本人之间的矛盾。

挖掘深层需求，找到表面看不见的利益，我们的对话能力可以上一个新台阶，对于很多棘手的问题也更容易找到破解之道。很多沟通高手不是口才出众，而是尊重他人、关注他人，能挖掘出别人看不到的诉求。理解深了，对话自然更顺畅。就像这个案例中，通过分析，我们不仅了解了爱提反对意见的同事的需求和优势，还挖掘了她的潜在价值。做到这一点，我们就能完成高质量的对话，还不容易激发矛盾。

方法3：在看似无关的对话中捕捉利益

有些职场对话可能看起来跟利益无关，但实际上利益仍然可能在其中发挥作用。这是因为人们通常过于强调利益与金钱的关联，忽视了利益的多样性。譬如在例会、述职或工作汇报中，看似不涉及利益，实际上利益一直贯穿其中。

例如，管理者组织了一次和员工的日常交流，管理者原本设想的是大家聊聊天，放松一下。这样的沟通看似与利益无关，实际上更容易捕捉员工的利益诉求，是极好的利益收集机会。假设对话中一名员工无意之间提到自己好久没有参加培训了，敏感的管理者会捕捉到员工有成长需求，希望在工作中有更多收获，学会新知识，学到新技能，开拓新思路。后续就可以据此展开更多对话，深入了解对方的需求和利益，并为之采取行动。长此以往，管理者自身也能加速成长。因此，即使在日常交流中，利益仍然可能会发挥作用。

再以工作汇报为例，其看似无关利益，实则深藏管理者的利益。管理者组织工作汇报往往是要满足自己"配合需求"中"疑惑被解答"这个利益点。从对方利益角度出发，工作汇报的关键不是展示自我，而是给对方答疑解惑。工作汇报会本质是答疑会，而不是汇报会。

如果管理者关心的问题是：一年过去了，是不是都在忙常规的事？那么汇报琐碎的日常工作就没有价值。应该挑选核心的事情，将其说清楚，列举一堆小事，不如说清两件大事。

如果管理者关心的问题是：你做了这么多工作，跟业绩有什么实际关系吗？那么汇报时仅罗列开会次数、培训次数、出差次数意义不大。要展示清楚工作和业绩之间的关系，最好能有数据证明。

如果管理者关心的问题是有没有打造出顶尖的产品，那么不能只列举财务成果，还应该重点展示产品的质量、口碑，进行多方位的竞品比较。

如何汇报工作，取决于对方心中有何疑惑。不了解这些疑惑，就是不尊重对方的利益，汇报质量难有提升。

方法 4：创造很多"不存在"的对话

没发生的对话不会发挥作用。真正的对话高手不会只盯着眼前要进行的沟通，他们会发自内心地关注他人的利益，并围绕这一点创造出很多原本没有的对话。

假设一位销售经理正在准备一次重要的客户演示。埋头准备发言幻灯片的行为看似合理，却不够高级。如果这样准备，他与客户的沟通就仅有一次，就是在演示当天。聪明的销售经理应该在演示之前创造一些"新对话"。演示前，销售经理可以主动寻求与客户的采购和生产部门的负责人进行交流，了解客户的需求。通过沟通，他可能了解到客户最关心的是节省成本和提高生产力。此外，销售经理还应该主动与客户的客服部门进行交流，了解过往使用相似产品时接到的投诉有哪些。这些新创造的对话能让最终的演示更加有的放矢。演示前的对话往往会决定演示时的对话质量。在沟通前进行预沟通，这是职场中处理问题的好习惯。

方法5：开展他人利益讨论会

人的思考终究存在局限性，此时我们不妨借助团队智慧。如果你是一名管理者，在关键对话前，可以组织团队进行深入讨论，分析涉及的各方以及他们的主要利益点。如果你是一名员工，那么可以向管理者提出倡议，或者直接向他人求助，让同事和自己一起进行他人利益点分析。

集体讨论有三个显而易见的好处。

首先，人多视野广，可以从不同角度识别出更多的利益点。

其次，不同的人在管理层次上的差异，使得他们对事物的宏观和微观理解各有特色，从而使讨论更加全面。管理者和员工有各自独特的视角，有时候，员工对同事问题的理解可能超过管理者。

最后，讨论中的碰撞更能激发出好想法。一个人思考最大的问题就是缺少碰撞，缺少火花，很多创意不能迸发出来。

面对关键对话，建议组织专项讨论会，集思广益，群策群力。我们可以将其命名为"他人利益讨论会"，通过这样的会议提升全员意识，增强整个团队的沟通能力。

准备会议时，可以注意以下细节。

> 预先准备好职场多元利益表，打印并分发给参会者，以引导思考。
>
> 必要时可以给参会者介绍"利益三角"的理念，先达成底层共识，然后进行开放讨论。
>
> 打开电子表格或文档，把讨论结果投影到屏幕上，以便于所有人了解讨论进展。这个动作可以让讨论更加聚焦、有序，而且高产。
>
> 开会前可以布置一些调研任务，让团队提前了解他人诉求。
>
> 若事情特别重要，可能要进行多轮调研和讨论。

这方面的投入能减少后续的"折返跑"，减少大量沟通障碍。所谓磨刀不误砍柴工，分析利益点就是沟通前的"磨刀"；

刀越快，后续越省力。

"他人利益讨论会"不仅有助于解决问题，还能够提升团队的综合能力。参与这样的会议，团队成员能更关注他人的利益，不经意间掌握"利益三角"的核心理念。有了正确的方向，即使进步稍慢，也能步步向前。甚至对很多人而言，"他人利益讨论会"要比常规的沟通技巧培训更加高效，因为这是真正的"事上磨炼"。

言行一致：通过信任降低对话难度

诗人亨利·沃兹沃思·朗费罗（Henry Wadsworth Long-fellow）说："我们根据自己'感觉'能做的事来评判自己；而别人，根据我们'已经'做过的事来评判我们。"

在公司大会上，老板慷慨激昂地谈论了公司的梦想、文化、价值观和愿景。然而，现场的反应很奇怪，似乎只有领导一个人感到兴奋，其他人则面无表情。这种反应是因为老板缺乏演讲技巧吗？事实上，这可能揭示了一个更深层次的问题。私下里，一些老员工轻笑着低声说，领导最近上了一套企业文化的课程，学到了许多新词汇，但工作考核和奖金制度却没有丝毫变化。他每次都这样，说得好听，做的事情却对不上。那些新词不过是糊弄人的把戏，那些鸡汤也就能糊弄一下新同事。

当领导频繁谈论梦想，却不付诸行动时，这些梦想都是假的，完全无法打动人心。有些领导描述梦想时，用词可能普普通通，却能激发团队活力。差别不在于演讲本身，而在于演讲之外的行动。

行动是话语的配重，有了言行一致，说话才有真分量。

不能兑现的不要说

当谈论言行一致时，我们常常听到的词汇是"说到做到"。然而，言行一致最重要的阶段是在"说之前"。对于大多数人来说，真正应该遵循的原则是"做不到不说"，之后才是"说到做到"。少说、少承诺，这样更容易做到言行一致。在交流时，要避免逞一时口舌之快，说出后面无法收场的话。

假设你是一名员工，在与管理者讨论一个新项目，其中一个环节需要你来负责，但是该环节你无法独立完成，需要他人协助。如果对方配合上出现差池，项目可能会延误一到两个月。在这种情况下，不要信誓旦旦地说："没问题，保证完成任务。"不乱承诺也是一名员工的优秀品质。你可以采取其他沟通策略，比如告知管理者可能出现两种情况：一种是其他人配合到位及时，那么完成任务的具体日期会是什么；另一种情况是支持不能及时到位，延误后的工期具体会是什么。这种沟通的方法就是在有多种可能的时候不轻易承诺，而是理性客观地说清楚几种可能性，以及关键的影响因素是什么。不乱承诺，说清楚多种可能性，这反而能让管理者了解实际情况，也方便管理者在重要的事情上给予帮助。

平时发言准备幻灯片时也要注意做不到的不乱说,核心操作就是"删内容"和"做标注"。完成幻灯片后,仔细审阅,无法实现的内容直接删除,不要心疼。如果有些话必须承诺,但确实有风险,那就在幻灯片中标注清楚风险点,并说明风险点可能会带来的影响。

说过的话要做到"四到"

不管是员工还是管理者,言行一致都是极为重要的。对于说出的话,应该争取做到"四到"。

(1)说过的要回顾到:公开回顾自己说过的话,让其他人知道你没忘记。

假定某位经理每周会开团队例会,一种聪明的做法是每次周例会开始时回顾上次会议的任务清单,并说明进展。简单地回顾就会增加团队信任感,让团队感受到经理的认真负责,这样团队也会更认真地对待每次例会。

(2)说过的要执行到:说过的事情要去完成,并公开说明。

加入项目的新同事开会时说自己每天晚上会提交工作日报。前几天还能准时提交,但是第二周就开始漏交迟交,这会给大家留下不好的印象。更好的做法是在手机里设置提醒,每次都准时提交,并坚持到项目结束。同时在项目结束时的汇报中,公开说明参与项目的天数,提交工作日报的次数。这就是说到做到，并让大家知道。这样的行为会一点点改善自己的职场口碑，大家会认为你说的话可靠。

（3）说过的要检查到：说出的要求必须检查，并公布检查结果和处理方案。

我当年上学时，总会有同学不完成作业，但奇怪的是有些老师的作业大家却不敢不交，哪怕是熬夜也要补上。这些老师往往有一个特点：检查作业极为认真，同时认真处罚没有提交作业的同学。工作中也是如此，尤其是对于管理者而言。所有管理者都擅长发号施令，但是后续跟进检查的却不多。没有检查的指令多是一纸空文。可是如果自己确实繁忙，检查不过来怎么办？我遇到过的一任领导有个妙招，就是安排助理做任务跟进。他选的助理工作极其认真，任务稍有延迟，助理的催促电话就会拨过来，必要时甚至还会公示哪些人没有按时完成。后来所有人与该领导开会都会认真记录，并及时完成。这就是检查的力量，这种言行一致有着强大的推动力。

（4）说过的要考核到：高度重视的工作要与考核挂钩。

考核什么代表重视什么。如果一件事极为重要，就不能只做口头要求，最好明确考核指标，并将其加入考核方案之中。

假设你是一家制造业公司的质量控制经理，发现产品的质量问题日益严重，客户投诉不断增加，虽然你通过多次内部会议和沟通强调了质量控制的重要性，但收效甚微。此时，就要考虑把要求变为考核指标，将质量问题的数量和严重程度列为员工的核心绩效考核指标。这样员工会更重视，因为质量问题会直接影响他们的绩效和奖金。考虑到员工利益,在增加考核指标的同时,最好提供必要的培训和支持。

很多公司都有客户至上的宣言,但是考核上却没有体现,做不到言行一致,这些话就变成了墙上的标语、开会时的口号,在行为上对大家没有任何影响。

做不到时要提前沟通

世界上并不存在完美的人,即使最谨慎的人也有犯错的时候,即使真心想言行一致,也有无法兑现的承诺。这时该怎么办?一个核心的原则是:**无法兑现时,越早沟通越好**。

我曾在工作中经历过这样的挫折。当时,我们的团队需要合作完成一个项目,我负责的部分遇到了技术难题,无法按时完成。面对巨大的项目风险,我错误地选择了独自承担,希望通过加班解决问题,弥补这次的失误,内心还觉得自己很负责任。最后事与愿违,耽误了整体工期,因此,我受到了严厉的批评。我最初对批评并不认同,但听到最后,心悦诚服。

领导告诉我,无法兑现承诺是一个错误,无法兑现却不早沟通,更是错上加错。在这种情况下,提前预警至关重要,以便让所有人做好心理准备,并提前准备预案。如果早早地知道了实际情况,就可以提前与客户沟通,客户也能随之调整自己的规划。本来工期延误一段时间不会产生严重后果,但没有提前沟通却造成了重大损失。

超越方法的是人心

说实话,想用好利益三角最难跨越的不是方法,而是人心。要用好利益三角,一定要升级对利益的理解,理解不同,运用深度也会不一样。

清晰互惠的利益关系更简单

曾经我对利益非常不屑,觉得它低俗、不纯粹,满嘴利益是一种很龌龊的行为。但随着工作年限的增加,我越来越觉得讲清利益是一种很高尚的行为,是一种真正尊重他人的行为。

首先,清晰而互惠的利益关系更轻松。在职场上,如果双方都清楚自己能得到什么,知道自己必须付出什么,这种合作关系会更加简单、纯粹,相处也更加轻松。人情债最说不清,大家纠缠在一起,关系反而复杂,后续合作容易出大问题。

其次,清晰而互惠的利益关系更持久。就像扶持一个贫困县一样,短期内靠慈善,长期则需要依靠商业。商业强调互惠互利,一旦形成,就会有人持续付出,更多的人会从中受益,这样就能长期发展,形成正向循环。相比之下,单方面的慈善容易停滞不前,因为总是只有一方付出,难以长期维持。

最后,谈清楚利益不会影响建立感情。如果利益谈得明白,大家能够共同合作、共同受益,还可以在一起愉快地喝酒、聊天,建立职场友谊。事实上,如果给足利益的同时还有人情味，职场友谊会更加牢固。

以前总听"得道多助"，现在慢慢觉得让更多人受益，与更多人建立健康的利益关系就是一种符合"道"的行为。想要成功发展，就应该尊重这个"道"，用好清晰互惠的利益关系。

获利要用阳谋

在职场中，有些人喜欢把利益和诡计、阴谋联系在一起。其实这是错误的。想要欺骗所有人，独占利益，这比踏踏实实地工作还要困难，最终只能是损人不利己。

想获利，无可厚非，但是不可用阴谋。

阳谋和阴谋是两种截然不同的策略。阳谋指的是使用公开、合法、明确的手段，通过积极的努力和合作，达成目标。阳谋的特点是手段明确、目的合理、多方受益，因此能够公开实施，他人也容易接受和认可。阴谋通常是秘密进行的，在背地里操作，拿不到台面上，更不敢公之于众。使用阴谋，心里想的都是如何多占利益，不愿意分享，巧取豪夺，自然不可告人。

阳谋不需要遮掩，因此更加简单，普通人也能使用。定了阳谋，可以大大方方地告知对方，公开讨论，对话时也不用费尽心机。可以和对方一起商讨"这次合作我将得到什么，你将得到什么"。正如前面提到的，"对话就是签订合同"，其中包含了"阳谋"的思想。在签订合同时，双方都可以看到合同，而谈话本身就是一起看合同的过程，如果最后对方同意了，就算是签订了合同。

有一句话大家共勉："使用阴谋是小聪明，使用阳谋是大智慧。"

做大蛋糕思维

很多人不愿意分享利益，用不好利益三角，问题就出在零和思维。零和思维认为，有人得，必有人失。得到为正，失去为负，正负相加为零。一块大小固定的蛋糕，要两人分享，你多吃一块，我就要少吃一块。有了零和思维，抢蛋糕就变成了最重要的事，摩擦、争吵自然不断。

想摆脱零和思维不能靠道德约束，而要靠新算法。能打败利益的不是道德，而是更大的利益。一块大小为8的蛋糕两个人分，每个人只能得到4。但是如果又来了8个人，合力把蛋糕做大了，蛋糕大小变成了100，虽然分的人更多了，但是每个人却能分到10。分出去的越多，得到的越多，这就是新算法的力量。零和思维只研究分蛋糕，而新算法却有两步，先合力做大蛋糕，然后再分蛋糕。创业融资就是这个思路的实际应用。成功的企业很少由创始人独自持有100%的股份。创始人分出股份，获得融资，企业方能更快发展。有时创始人只持有20%的股份，却能赢得百亿身价。这就是新算法的力量，先做大蛋糕，再分蛋糕。想摆脱零和思维，不要把分享看作失去，要把分享利益看作"创业融资"。

精髓从来都不是技巧

路遥在《平凡的世界》中说过一句耐人寻味的话："人们宁愿去关心一个蹩脚电影演员的吃喝拉撒和鸡毛蒜皮，而不愿了解一个普通人波涛汹涌的内心世界。"这句话同样适用于职场。很多时候，我们宁可看那些荡气回肠的商业故事来学习，也不愿意踏踏实实地关注周围人的利益。其实，这些利益并不新奇，甚至都是老生常谈。但是，经过多年的工作，我反而觉得平淡的才是真实的。在周围真实而朴素的诉求中，我们可以找到对话的终极答案。如果管理者愿意付出辛勤的劳动，踏实观察团队的每一个人，找到他们的利益点并满足他们，这个管理者一定不会太差，哪怕没有学过什么管理理论，也不知道各种高级模型，也会因为心里真正装着别人而会变得格外温暖，这种温暖本身就是一种号召力。

我担心有些朋友不太理解，谈论口才，为什么要大篇幅地讨论利益？认为这有些跑题。但事实上，这恰恰是最关键的问题。对话能力的提升靠的不是讲话技巧，而是照顾他人利益的水平。利益是指导对话的无形力量。踏踏实实地照顾同事的利益、合作伙伴的利益，在这个过程中，即使没有学到任何技巧，对话能力也会有大幅提升。因为照顾别人的利益是对话的内功，而技巧只是招式。内功越强，就越能迸发出强大的力量。

第三章

内容三角是对话发动机

汽车前行需要发动机。内容就是沟通的发动机，好的对话内容也能够加速对话进程，更快地实现目标。公众演讲和职场对话需要的发动机类型不同。公众演讲好似一台跑车，侧重的是速度与激情，内容选择上更关注精彩程度；而职场对话好似工程车，功能性极强，需要达成特定目标，更侧重内容的实用价值，关注对话内容是否有助于解决实际问题。因此，一个打动人心的励志故事往往是公众演讲的优秀选材，甚至可以作为演讲的开场白。然而，在职场对话中，励志故事开场反而不合时宜。虽然故事有趣，但同事们可能会觉得你在浪费时间，久久不能进入正题。听众想要的收获不同，对内容的喜好自然也不相同。在有些特殊工作场合，励志故事可能适用，但回顾过往的职场经历，这样的场合恐怕少之又少。

　　在职场对话中，内容的选择需要服务于三大目标，这也是内容三角模型的三个顶点，分别是吸引抬头、赢得点头和得到行动。这三者对于解决问题都至关重要。因此，在选择职场对话的内容时，我们需要根据这三个目标来进行评估和筛选。

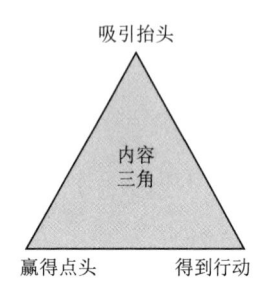

吸引抬头

内容三角

赢得点头　　得到行动

接下来，我们将逐一介绍设计对话内容时需要用到的实用方法，以帮助大家更好地选择、组织和传递信息。这些方法不仅可以帮助我们更好地实现沟通目标，还能够提高我们的职场影响力。

吸引抬头的优秀策略

内容三角的第一个顶点是吸引抬头。吸引抬头是指沟通时需要吸引对方抬头关注自己，关注自己的说话内容。有了关注，交流才能真正发生，对话才能有效进行。失去关注时，无论讲话内容多么精彩，都起不到任何作用。

因此，当设计对话内容时，我们需要停下来想想：对方会感兴趣吗？哪些内容能够吸引对方？

没有关注是职场常态

现在是一个屏幕无处不在的时代，人们随身带着手机、平板或笔记本电脑。开会时，这些屏幕瞬间成为吸引注意力的"黑洞"。台上的人口若悬河，台下的人忙着回复消息，不亦乐乎，只是偶尔抬起头看一眼，然后又将头埋到屏幕之中。准备发言内容时，首先要清醒地认识到：职场发言时，别人不关注自己是常态。所有人聚精会神，一边点头，一边记笔记，这种场景倒是少见。

认清常态的第一个作用是让自己摆正心态。有些朋友心里没有预期，讲话开始后才发现大家没有关注自己，顿时慌乱起来。期望越高，失望越大。

认清常态的第二个作用是知道常态是不关注，才会主动进行特别设计。有准备，才能应对大家的走神儿，才能有办法吸引大家认真听。

在六种情景下人们的注意力最容易分散，需要精心设计，付出额外的努力，才能扭转乾坤。

（1）听众觉得内容和自己无关。比如销售团队很难集中精力听研发团队的介绍，主要是觉得跟日常工作关系不紧密。

（2）发言者认为重要的事情在听众心目中不重要，大家工作排序不一致。比如业务部门在说服技术部门开发某一软件，如果技术部门已经把重点放在其他软件上，此时的沟通就不容易吸引对方。

（3）听众比发言者级别高很多。例如，部门主管的发言很难吸引事业部总经理的兴趣，对方可能会觉得主管讲的事情过于琐碎，不值得投入精力。

（4）现场人数过多。哪怕公司总裁召集会议，如果现场人数超过 100 人，也会有人偷偷溜号。在实际工作中，参会人数超过 20 人，就要改变对话策略，超过 40 人就要自我预警：关注度会很低。

（5）在线发言。看看在家上网课时孩子的状态，就能猜到工作中的在线会议效果也是如此。摄像头一关，会议从此与自己无关。

（6）听众疲惫犯困的时候。例如在一场会议的后半程发言，或者在下午刚吃完饭时发言，都不太容易吸引大家的注意力。唯有特别设计，才能改变困局。

发言时，一旦遇到上述六种情况，一定要特别留神，努力用好吸引注意力的三个实用方法。这三个方法是：降低环境挑战，提升开场吸引力，过程增加变化。

降低环境挑战的两个技巧

好的种子在沙漠里也很难长成参天大树，好的发言也需要适宜的环境才能发挥功效。聪明的发言者不会故意为难自己，除了设计发言内容，还会努力改善发言时的环境。

方法 1：缩短时间

作为新任管理者，在接手团队之初，要召开一次动员大会，并发言。此时最需要做的不是改进发言内容，而是缩短发言时间。如果原本需要两个小时的发言能在 30 分钟内完成，精彩程度自然会提升，即使个人演讲水平没有变化。

为什么缩短演讲时间可以提高演讲质量？优秀的设计往往诞生于严格的限制。我们可以将时间想象成一个容器。如果容器很小，放入什么就要精心挑选。相反，当容器巨大时，就容易胡乱塞入内容，生怕装不满。为什么那么多人迷恋短视频？因为视频时间短，大家会每一秒都精心设计，视频也就会更紧凑、更有趣。在制作时长为两个小时的视频时，演讲者可能只是自我介绍就要花去五六分钟。著名的 TED 演讲对演讲者有严格的时间限制，演讲时间不得超过 18 分钟。用 18 分钟谈论一个严肃的话题看起来时间很短，许多人会觉得时间不够用，但恰恰是这种紧迫感促使人们反复筛选内容，精心设计。

缩短演讲时间的本质不是控制时间，而是控制内容，强制筛选。缩短时间意味着需要删减无效内容，删减之后，演讲的信息密度会增加，演讲就不容易枯燥乏味。

这个方法看似简单，实际上能够坚持的人并不多。很多人在发言时本能的反应是：好不容易有个发言的机会，一定要全面且充分地展示自己。假设你的发言开始时间是上午 11 点 30 分，议程上给你的时间是一个小时。很少有人会主动调整自己的发言，缩短无效内容，在 30 分钟内介绍完。更多的人为了充分展示自己的内容，会把演讲拖到 12:30。实际上，在后 30 分钟，人们的注意力已经分散了，甚至还有可能对你的发言产生抱怨。这样，看似自己讲满了一个小时，但后半段已经没有人关注了，变成了无效发言。如果能够压缩发言时间，在保证核心内容完整的情况下，在 30 分钟内结束发言，这场发言或许反而会给人留下深刻的印象。

如果你已经认识到控制演讲时长的重要性，以下训练方法非常实用。

第一个训练：为沟通增加时限

很多沟通没有时间限制，聊得很久，效率不高。一对一沟通时，告诉对方 15 分钟后有一个会，仅有 15 分钟时间用来沟通，沟通效率会飞升；开会时用计时器计时，铃声响起时，发言必须结束，这样，会议马上就变得言之有物了。

第二个训练：主动缩短时间

组织方给你 30 分钟发言时间，自己争取在 20 分钟内完成。预计开三个小时的会议，自己主动缩短到一个小时。尝试提前结束讲话，不要用完所有时间，坚持如此，口才会提升得很快。

第三个训练：把长发言看成多个短发言

必须要做一个两小时的发言时该怎么办？这时可以另辟蹊径，把一个较长的发言分解成多个短发言。这个做法有点类似于《老友记》的剧本设计方式。该剧每集时长 20 分钟左右，每集独立看也足够好看，同时十季《老友记》连在一起还是一个完整的长故事。

假设一个销售人员需要进行一次时长为一个半小时的产品培训。他可以将培训内容分成 6 个 15 分钟的小节，每个小节围绕产品的一个特点展开，例如产品的特性、优势和用途等。每个小节可以融入回答问题、展示案例等互动方式，提高听众的参与度。这样设计的培训内容每个小节都很紧凑，连接在一起又是一个完整的长培训，信息量也足够。

方法 2：减少人数

在新东方工作多年，我有幸遇见了很多出色的演讲高手，比如俞敏洪和周成刚等。他们在万人面前侃侃而谈，更厉害的是似乎人越多，他们越兴奋，表现也越出色。然而，即使在新东方，能够在万人面前演讲的人也并不多见。听众人数越多，发言者对每个听众的影响力越小，我们应该尽量避免挑战自己，主动减少在场人数。下面是几种实用的方法。

1. 学会开小会

相比于 40 人参加的会议，5 人小会反而更容易得出结论，大家也不容易走神儿，每个人也有足够的发言时间。在召开会议时，我们应该坚持一个原则：除非必要，不要召集太多人。我知道很多厉害的人都擅长召开小型会议。大型会议通常只用于通知，或提升气势，而真正的决策都是在小型会议上做出的。

还有一种做法是把一场大会拆分成多场小会。假定原本要召开一场 100 人的大会，会议时长为两个小时。可以尝试将其变为4场小型会议，每场会议25人参会，时长变为30分钟，集中将要点说清楚。拆分为小会后，会议整体效果会更好。

2. 多做一对一沟通

一对一沟通时，人们的注意力最容易集中，即使没有任何吸引注意力的招数，人们也不容易走神儿。这是一对一沟通的独特魅力。

假设业务部门要和职能部门合作推进一件事，不要只是召开两个团队的联合大会，业务部门的管理者要提前找到职能部门的负责人，双方进行一对一沟通，并让重要的执行人也找对方的关键人物进行一对一沟通。决策者和执行人的一对一沟通配合起来，再辅以两个部门的联合大会，这样整体沟通效果更好。

3. 在线大型会议转变为"在线露脸小短会"

由于各种原因，在线会议使用得越来越多。然而，很多在线会议存在"空气会议"的问题：发言者面对空气讲话，屏幕前的参会者做着其他事情，会议效果很差。为了提高在线会议的关注度，需要注意以下几点：参会人数尽量少，最好不超过九人；所有人都要开启视频，有效规避走神儿问题；会议时间尽量缩短；要求所有参会人员轮流发言，不能有人一直听会不发言。

在线会议很便捷，但未必高效。在线露脸小短会恰好可以解决参会认真度的问题，将便捷和实用结合起来。关注度好的在线会议一般都有人少、时间短、都开视频，而且大家都发言的特点。

提升开场吸引力的核心法则

如果一场发言需要两个小时，听众注意力最集中的就是前20分钟。因此，提升开场吸引力的核心法则是：早说关键点。发言不是写推理小说，不要层层铺垫，不要把悬念和高潮留到最后。

以下是三种需要先行介绍的关键内容，它们有助于提升你的开场吸引力。

方法1：先讲对别人的价值

让我们对比一下两个开场白。

版本1：今天要介绍的这个项目，我和团队花了特别多的心血，没日没夜忙了三个多月，今天特别开心，也特别荣幸能向大家隆重介绍这个项目。

版本2：今天下午的会议预计进行40分钟左右，要介绍的这个项目会在接下来四个季度影响到大家的收入，做得好的一个季度可能会额外得到最多两万元奖金。下面我开始介绍这个项目的相关情况。

如果想吸引听众，请尽早告诉他们：这对他们有什么好处。

好的发言也需要"广告"，好的广告不是从产品出发，而是从听众出发的，在发言一开始就要告诉听众这对他们有什价值。可以拿出之前的职场多元利益表，在开场时就将其中的利益点说清楚。

假设你是一家软件公司的产品经理，需要向管理层展示新产品。以下是两种不同的开场白。

版本1：我今天要介绍我们最新研发的销售软件——销售利器。它具有智能化功能，能帮助销售人员管理和分析客户信息。有非常多很棒的功能值得各位领导关注。

这种开场未清晰表达出产品对听众的价值，过于强调产品功能，对管理层并无吸引力。如果公司业绩发展缓慢，我们需要将开场设计成为管理层的问题提供解决方案，激发他们的"配合需求"。以下是针对这种情况的新版本。

版本2：我要介绍的销售利器，预计将成为未来三个财年的重要收入增长来源，可带来约1.2亿元新收入。相比于原产品，新产品的利润率提升5个百分点。此外，已有5家公司预约订购。接下来，请让我介绍这款值得关注的产品。

版本2更具吸引力，因为它提出了管理层急需的问题解决方案。人们更关注自己的利益，所以我们的发言也需要围绕这一点设计，一开始就说清楚对别人的价值。

方法2：先讲最重要的事

先来看一个例子：述职会上，一个管理者在发言，准备把最大的战功留到最后，来个完美收官。但前面发言拖沓，没讲完就被叫停了。会后，该管理者抱怨为什么领导不能再多给

15分钟的时间。其实他的思维方式出了问题，一定要在最开始就介绍最重要的事情。永远不要考验别人的耐心。

职场发言要讲多件事时，一定要按重要性排序，从高到低，依次去讲。

以市场经理介绍新产品市场计划为例，如果按照时间线排列内容，可能会从过去一个季度的销售业绩开始，然后逐步介绍新产品的开发历程，最后介绍市场推广策略和销售目标。按照时间线介绍，是一种常见的错误选择，最重要的事情往往拖到了最后。

相反，根据重要性排序，经理应先介绍市场推广策略和新销售目标。之后，他可以介绍新产品的开发历程和过去一个季度的销售业绩，来支持他的市场推广策略和销售目标。这样可以确保最重要的内容最突出，同时确保整个发言流畅有序，听众能够更好地理解和记住发言的主要内容。

假设你要在述职发言中介绍自己的三个工作成果，以下是原来的介绍顺序：

①组织团队建设，举办了四场团建、两场培训，增强凝聚力。

②带领团队成功完成公司关键项目，实现了同比40%的业绩增长。

③优化流程，提高工作效率，成功将处理时间缩短了30%。

建议重新排序如下：

①带领团队成功完成公司关键项目（这是增收能力，优先

介绍，证明自己的领导能力和项目管理能力）。

②流程优化结果（这是控制成本能力，列在其次）。

③组织团队建设（相对于前两个成果，团队建设的重要性要逊色一些）。

有一点需要额外注意：同样三件事，面对不同听众排序可能不同。重要性排序并不是针对自己而言，而是针对听众。

假设你作为某科技公司的高级产品经理，要向三个不同的听众群体分别介绍你的工作成果，成果共有三项：

①开发出一项新产品，获得了公司内部的最佳产品奖；

②联合多个团队，在短时间内推出了一项重要功能的更新；

③带领团队完成了一项重要的市场调研，为公司未来的产品研发提供了重要的数据支持。

听众不同，介绍的优先顺序也不同。

面对销售部门的负责人：

首先介绍你开发的新产品，销售团队需要参与售卖，关系极为紧密。接下来，介绍第三项成果，并与销售团队一起决策未来产品的布局。最后介绍第二项成果，它与销售团队的关系不太紧密。

面对合作部门的同事：

首先介绍第二项成果，这是在场团队一起努力的结果，自然要最先介绍，应该在现场重点说明，并鼓励大家未来进一步加强合作。接下来，介绍第三项成果，帮助在场同事了解市场情况，探索未来潜在的合作机会。最后介绍第一项成果，虽然新产品很重要，但项目已经完结，在场同事无法参与，对听众来说并不重要。

面对研发人员：

首先介绍第三项成果，因为这个调研数据可以帮助研发人员更好地了解市场和竞争情况，并在未来的工作中做出更好的决策。接下来，介绍第一项成果，利用过往的成功表达对新研发的信心，鼓舞团队士气。最后介绍第二项成果，强调未来研发中希望见到更多合作与协同，加速研发进程。

方法 3：先讲结论或结果

想做好开场，还有一个重要方法就是：先讲结论，后讲论证；先讲结果，后讲过程。这样更能吸引听众的注意力，让他们更容易理解主要思想。如果结论或结果足够吸引人，会瞬间抓住听众的注意力。

假定在一次会议上，你要介绍自己负责的项目的进展，请对比下面两个开场表述方式。

版本 1：我负责的项目自去年 3 月份开始推进，现在已经进行了 8 个多月。在这几个月里，团队经常加班，出差 60 多次，还经历了一些波折。幸好，我们齐心协力，共同渡过了难关。今天我有机会向各位领导做一次汇报感到很荣幸。

版本 2：经过 8 个月的努力，我们的项目取得了很好的成果：营收达到了 2700 万元，达成预定目标的 120%；项目从最开始的亏损到今天实现了盈亏平衡，我们也找到了可行的利润控制方法；客户续购率从最开始的5%提升到了28%。接下来，我代表团队向各位领导汇报我们的项目关键进展。

版本1的开场侧重于过程和细节，显得跟听众关系不大。相比之下，版本2通过数字把结果表达得很清楚。用数字说明了营收、利润和产品复购表现。管理层能够更快地理解项目的价值，也会听得更认真。

使用这个方法时还要注重一点：把介绍结论或结果的方式设计得巧妙一些，这样可以更吸引人。

例如，在商务会议上，一名销售人员向客户展示公司的新产品。开场就抛出结论，同时用问题去吊足客户的胃口。他先概述产品的特点以及客户使用数据，抛出结论：这款产品可以帮助客户提高业务效率，节省25%的人力成本。然后，销售人员用问题激发听众兴趣，他说道："设想一下，用了这款产品之后，你们公司能节省下多少人力？如果是连续五年使用呢？这款新产品具体是如何实现这一点的？请给我20分钟时间，我将为您揭开谜底。"

开场抛出结论并不意味着一定要平铺直叙，可以把介绍设计得更有趣，更有悬念，更有吸引力。

以上是三种提升开场吸引力的方法。接下来，结合图示说明如何在更多场景中运用这三种方法，做到物尽其用。

第一种方法是开场先说，这是最常见的运用方式，不再赘述。

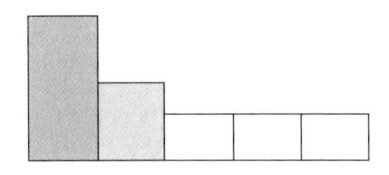

第二种方法是每个环节先说。对于较长的发言，可以采用"大拆小"的方法，将发言分成多个小环节，每个小环节都可以独立进行，调整内容顺序，力求在每个小环节中都先说最重要的事情。

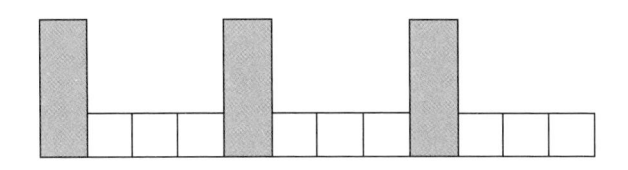

第三种方法是借助视觉工具，例如幻灯片。在职场演讲中，通常会使用幻灯片作为辅助工具。每一页幻灯片都应该视为一个独立的发言环节，因此也要坚持先讲述页面上最重要的内容，每个页面都要将最重要的内容设置得最突出。

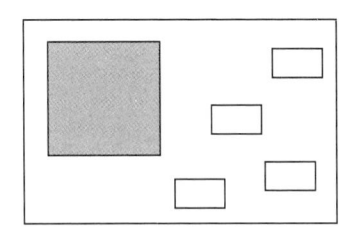

过程增加变化的有效策略

一场两个小时的电影需要跌宕起伏的情节，一段优质的发言同样需要有吸引力的过程。核心的策略就是——增加变化。

如果把一个图形类比为一种讲述方式，优秀的发言者会使用不同的"图形"，也就是用到不同的讲解方式。过程有了变化，发言就不会单调，听众就不容易走神儿。

方法1：变抽象描述为直观展示

每天读书的人远少于每天观看短视频的人。视频比文字更直观，更有吸引力。职场沟通也是如此，要多使用一些辅助工具，将文字转化为更加直观的展示形式。形式越直观，吸引力就越大。

在一次高管会议上，一位城市负责人想向高层介绍市场竞争激烈的问题，希望引起高层的关注和重视。一开始，他用语言口头描述市场竞争激烈的程度，但是高层并没有完全理解问题的严重性，讲述的后半段甚至有些走神儿。如果高层未关注到这个问题，那么后续就不会采取行动来解决它。管理者非常着急，于是开始思考如何用更直观的方式展示这个问题。

他找到了一张该城市的地图，并用红圈标记竞争对手的门店，用蓝圈标记自己的门店。同时，圆圈的大小也反映了门店的大小。管理者把这张地图放在大屏幕上展示给高层看。高层立即注意到了红色圆圈的密集程度，似乎每一个蓝色圆圈都被多个红色圆圈包围着，红色圆圈正在吞噬所有的蓝色圆圈，高层被这张图深深吸引，感到非常震惊。这一次，他们更加深入地关注到了该城市的竞争态势。

通过这个案例，我们可以看到直观展示的优势。直观展示更容易吸引听众的注意力。

在直观展示中，我们可以记住一个原则：实物＞视频＞图示＞文字。即实物优于视频，视频优于图示，图示优于文字。想用好这个原则可以关注以下几个要点。

（1）尽量使用更直观的形式。逼迫自己更有创意。例如数据展示未必用图表，也可以用视频。如果要展示自己公司和竞争对手过去十年的竞争情况，可以尝试使用动态的视频，把双方的发展数据变成向上增长的曲线，两条曲线动态变化，视频就可以生动演示两个公司的发展态势。

（2）做事过程中养成直观记录的好习惯。很多朋友即使知道这个原则，也很难应用，因为自己没有视频或拍照记录的好习惯。一个团队在项目攻坚时，要随时把重要的场景记录下来。这些都是后期直观展示的好素材。

（3）学会为新点子做"高仿真模拟"。装修设计师都会做效果图，因为效果图更直观，此是同理。有了一个好点子不能只靠口头描述，要想办法让这个点子变成"真的"，现在很多产品都可以用软件进行仿真模拟。会做仿真模拟是一个人的职场新技能。例如我们团队要开发很多软件，在开发前我们都需要做出高仿真模拟版本，这样一起讨论和研究时更生动形象，比文字描述好很多。

（4）如果没有办法采用图示、视频、实物等直观展示形式，那就尽量把文字描述做得直观一些，使之更有画面感，更生动，把别人带入情景之中。例如介绍新产品时，可以使用以下描述方式。

> 我们的新产品是一款智能手表，戴上它，你跑完步，一抬手，就能看到自己的心率是多少，跑了多远的距离，跑了多少步。睡完觉，一抬手，就能知道自己的睡眠质量，深度睡眠有几个小时。别人来了电话，不用翻包找手机，直接用手表就能接听。

方法2：变口头讲述为听众参与

为了吸引听众的注意力，只改变发言内容是不够的，还有一种更有效的方法，就是让听众参与进来，让他们"动"起来。在职场中，有多种方法可以让听众参与，比如提问、讨论、测试、投票、做任务和活动、上手体验或制造陷阱。这些方法可以交替使用。听众"动"得越多，越不容易走神儿。

1. 提问

提问可以激发听众思考，让听众的大脑"动"起来。可以进行思考型提问，例如："你认为业务目前最大的问题是什么?"也可以进行回顾型提问,例如:"谁能说出刚开始提到的利益三角包含哪些内容?"然后邀请听众进行回答,同时可以针对回答进行反馈。

2. 讨论

可以让听众分成几个小组,针对具体问题展开讨论。例如,在一次团队会议中,你原本要向大家介绍团队的未来规划,但你可以临时改变一下介绍流程,先让团队成员就此展开讨论并发表意见,然后分组进行展示汇报,最后根据大家的展示汇报进行回应,并系统地讲解未来的发展思路。将讨论和讲解交替进行,有利于听众深度理解沟通的内容。

3. 测试

测试具有一种强迫力,增加测试环节可以让听众更认真地听讲。例如,在一场培训中,可以在中途和结尾设置测试题目。除了纸质测试,可以尝试运用一些在线问卷进行现场测试。另外,测试也是一种互动方式,能够让听众更加积极地参与培训。可以在测试环节设置小组竞赛或者奖励机制,激发听众的学习兴趣。

4. 投票

在公司会议中,你可以在会议中发起投票,以了解团队成员对某个提案的看法。例如,你可以询问:"您是否支持该提案?"或"您是否认为该提案可行?"然后请听众通过举手或在线问卷等方式进行投票。这样不仅可以吸引听众的注意力,还可以更有效地获取他们的反馈意见。在获得第一轮意见后,你可以进行第二轮投票,列出五个原因,并让听众进行选择。多轮投票就像是进行多轮调研,能够让你更好地了解听众的看法。

5. 做任务和活动

在培训会议、决策会议或设计会议中,任务和活动是较好地让听众动起来的方式。比如:在一个关于沟通技巧的培训中,教练可以设计一些角色扮演和模拟对话活动,让学员在任务中体会技巧;在业务培训中,可以让听众直接做模拟直播来感受培训内容;在管理者培训中,可以直接针对某个门店做真实的业绩提升方案,让受训者在实战中探索理论的运用。

6. 上手体验

上手体验的精髓就是看到真东西,感受真东西,而不再是纸上谈兵。例如产品团队向销售团队介绍新产品,不要只是口头介绍,在观看演示视频后,可以设置产品试用环节,让销售人员在使用后进行提问,这样的活动能加快销售团队对新产品的了解速度。为了让产品团队了解客户的需求,可以让产品团队客串客服,或者带产品团队在前台做客户接待,亲自面对客户,感受客户对产品的质疑。在上手体验的过程中,听众很难走神儿。

7. 制造陷阱

制造陷阱,通俗地讲就是六个字——先挖坑,再讲解。如果直接把人生经验告诉别人,别人经常把它当作耳旁风。只有在深陷某一具体困境中时,他们才能更深刻地体会到那些话语的意思。发言时可以故意设计一些陷阱,让听众跳进去,例如,先给出一个业务情境,然后给出三种看似合理的处理方式,让听众进行选择。然而这三种处理方式都是错误的，无论听众选择哪一个都会陷入陷阱。之后，告知听众必须谨慎地处理业务问题，不能随意行事，这样听众的注意力会更加集中。

上述方法并不复杂，只需要在实际工作中多用几次，就能慢慢掌握。实践是这里的关键词。没有实践，纵然将本书阅读了十遍，也不会有太好的效果。没有实践，也永远不可能真正掌握这些技巧。这些方法不是高科技，多实践几次，多思考几次，就能比很多同事做得优秀，因为现实中，懒人还是占大多数，稍加努力就能超越不少人。

方法3：变针对群体为针对个人

意识到这个沟通技巧源于我坐公交车的经历。公交车上常常挤满了人，想要上车的人上不去。其实车内还有一些空间，如果每个人都再往里挪一点，就能腾出更多空间。售票员经常会喊："请大家往里走一点，让后面的人上车。"然而，乘客们往往无动于衷。这个情景与职场中想要让他人采取行动并配合你的情景颇为相似。

我曾认为公交车上的这种情况永远无法改变，直到我遇到了一位独特的售票员。她并没有像其他售票员那样对所有人喊话，而是单独地针对某个人或者几个人说："穿红衣服的先生，请后退两步，谢谢您。"或是"穿校服的两位同学，请往中间挪一下，谢谢。"通过这种针对个人的方式，反而能更快速地解决问题。

想真正吸引注意力，不要针对一群人说话，要针对一部分人说。这位售票员的智慧值得我们学习。在工作中使用针对性沟通有三种方式：

1. 在大会之外，可以设置小型沟通会议，专门针对关键群体进行沟通，此时他们只能集中注意力，事情更容易推进。

2. 在发言现场，直接与特定人群或小组进行互动。例如，某些人爱走神儿，就故意多和他们互动；有些人坐在最后排，就故意挑选他们进行提问。

3. 对听众进行分区，发言中逐一与各分区的听众互动。每次提问针对一部分人，通过轮转，实现对听众的全覆盖。

赢得点头的实战方法

赢得点头是内容三角的第二个顶点。它代表着我们成功说服了别人，让他们同意我们的想法。共识是行动的基础，而点头是共识的基础。为了赢得点头，我们可以使用四种沟通策略：降低接受难度，符合对方标准，增强观点的支撑力度，合理转换反对意见。

降低接受难度，减少自我考验

要说服别人接受一件事，首先要做的是降低事情的接受难度，而不是研究说服的技巧。以家庭收纳做类比，想保持房屋长期整洁，首先要做的是减少物品数量。家里物品少，即使收纳能力不高，打扫干净也不会太难。想要说服别人也是如此，优先把事情调整到对方可以接受的程度，说服难度自然小很多，不必再考验自己的说服能力。

下面介绍三种可以降低对方接受难度的实用方法。

方法 1：简化事情或增加辅助

面对复杂的事情，人们往往会感到焦虑，不愿意参与，也很难做出决策。一个好的做法就是先将事情简化，并提供额外的辅助。大事情变成小事情，接受起来就容易得多。

假设一个部门经理需要说服他的团队接受一项新的工作流程。对比以下两种沟通策略，看看哪种更有效。

策略 1：经理开会时反复强调新工作流程的必要性，强调上级领导的关注，并严厉告诫，如果实施不顺利，将对个人进行惩罚，甚至扣除全部年终奖金。这种策略可能初看起来有效，但只强势推进，并没有降低大家对新流程的恐惧，员工内心的抵触情绪并没有消除。长此以往，员工对这种强硬态度也会变得麻木。心想："扣钱的事情太多了，也不差这一条。"

策略 2：经理主动与团队进行交流，发现许多成员对新流程感到困惑和畏惧。为了改变这种情况，经理决定采取简化和辅助的方式。他通过详解和演示，将新工作流程分解为几个简单的步骤，让团队更好地理解和接受。接着，他提供了一份操作手册，以帮助团队更好地掌握新的工作流程。最后，他安排小组培训，让团队成员体验新流程，并提供必要的帮助和支持。

策略 1 单纯地强势推进沟通，短期有效，而策略 2 降低了事情的难度，同时提供了额外辅助，有效地减少了团队成员的不安和犹豫，如果再提供额外奖金进行鼓励，大家更容易接受新工作流程。同时，策略 2 适合长期使用，还能增加团队成员对经理的信任和尊重，因为他们能感受到经理对自己的在意和关心。

在推行新想法、新工具、新政策的时候，简化和辅助往往是比较有效的沟通策略。简化让新事物变得不再令人畏惧，辅助让人感受到他人的支持。这两者都能够降低对方接受的难度，让新事物更顺利地推行下去。

工作中，遇到难以说服的场景时要先反思：是不是事情本身过于复杂，过于麻烦。先处理事情，再进行沟通，如此一来，沟通会进行得更加顺利。

方法 2：消除障碍

在沟通过程中，许多人会遇到这样的问题：他们尝试推动一个项目，但需要得到他人的配合。他们详细介绍了项目的种种优点，但别人似乎并不买账。这难道是因为对方无法理解项目的优点吗？

实际上，有时候人们并非看不到你强调的优点，而是他们自己面临的困难和障碍阻止了他们的行动。一旦这些问题得到解决,项目就能顺利推进。因此,说服他人并不仅仅是罗列优势,更重要的是要找到他们的困难,消除他们的难题,从而推动项目的发展。

某公司的业务团队需要在客户服务软件中开发一项新功能,但产品经理和技术团队不愿配合。业务团队多次介绍新功能的优点,产品经理和技术团队依然无动于衷。一般情况下,业务团队可能会试图继续说服他们,阐述新功能的价值,然而这可能并不高效。明智的业务团队开始寻找"看不见的原因",他们在和产品经理以及技术团队负责人的聚餐中了解到,对方正在同时处理四项开发任务,无暇顾及新的需求。消除这个障碍才是沟通的关键。

为了消除这个障碍,业务团队与产品和技术部门的负责人进行了沟通,达成共识:如果有其他任务可以延后,新功能就可以进行开发。接下来,他们说服业务团队负责人与高层领导展开沟通,向领导解释新功能的重要性,并提出重新排列任务优先顺序的建议。在一轮沟通无果后,业务团队找到其他几个功能相关的负责人进行一对一沟通,了解到"数据展示升级"这个项目不紧急,可以延后。征得对方负责人同意后,业务团队又与高层领导进行了第二轮沟通,展示了改变排列顺序的可能性,并说明已经得到相关部门的同意。经过一番努力,高层领导同意重排任务,"数据展示升级"的功能延后三个月开发。

最后，业务团队组织了产品经理和技术负责人的联合会议。经过沟通，新功能的开发得以顺利启动。

在这个例子中，成功说服他人的关键并不在于展示项目的优势，而在于帮助他们消除了障碍。在说服他人时，识别对方可能遇到的潜在障碍是一项极其实用的技巧。

方法 3：建立台阶，分阶段说服

有些项目复杂度较高，难以直接简化。此时，可以构建一个任务台阶，难度从低到高，逐步升级，其中每一步都为下一步做好铺垫。这时，需要对方接受的就从整个任务转变为一步步的台阶，决策压力就会小很多。

假设团队需要开发一个新项目，需要大量时间和资源，部门经理会觉得难以承受。为了说服部门经理支持该项目，不能一开始就展示整个项目的规模，并试图申请全部资源，这只会让对方感到压力巨大，难以接受。我们可以通过以下方式搭建一个说服的台阶。

一级台阶：从小规模试点开始。以一个四人团队在一个城市的一家店铺开始试验，预算不超过 15 万元，试验周期为半年。这一阶段可以被看作说服台阶的第一级，试验的规模、预算和所需资源都在可以接受的范围内。

二级台阶：设立项目成功的里程碑和对应的评估标准。如果项目达到预期，将逐步扩大试验规模；如果未能达标，项目即时终止，从而控制损失。

三级台阶：如果第一阶段试验成功，将项目扩大至该城市的 15 家店铺。在复制之前，我们需要准备相应的系统、流程、工具和培训，严格控制投入，进一步降低风险。在扩张过程中，我们需要随时向经理报告每家店铺的进度和数据情况。如发现任何异常，我们随时可以停止扩张。

四级台阶：在单城市复制成功后，开始在四个城市同时进行复制，并设立城市复制成功的评价标准。

五级台阶：在全国范围内实施项目。

如果一开始就尝试说服部门经理接受全国范围的复制，项目需要过多时间和资源，整体风险也非常高，这会让部门经理难以承受。有了说服台阶后，部门经理只需要对第一级台阶进行评估，更容易接受这个提议。通过降低难度、缩小试验的规模、分阶段实施项目，团队就可以搭建一个说服台阶，部门经理可以顺着台阶一步一步走向认可的终点。

符合对方标准，激发内在动力

在职场中，说服对方并不是一件容易的事情。我们可以学习《孙子兵法》中的智慧。《孙子兵法》看似一本教人如何打仗的书，强调的却是能不打就不打。孙子曰：百战百胜，非善之善也；不战而屈人之兵，善之善者也。百战百胜不是理想的，不战而胜才是最好的。说服别人也是一场战斗，能不打就不打。真正的高明不是强势地说服别人，而是让别人自己说服自己。如何办到？秘诀就是让事情符合对方的评判标准。这时，他们不需要被说服，就能自己做出决策。艰难的说服就变成了对方主动接受自己本来就认同的事情。

方法1：符合对方的利益和决策偏好

在工作中，让事情符合对方标准要做到两点，一是符合对方的利益，二是符合对方的决策偏好。"两个符合"同时达成效果最佳，说服难度也最低。在利益三角中我们详细说明了他人利益的重要性，以及分析的方法，本章不再赘述。在内容三角部分，我们重点补充第二点：让我们的事情更符合对方的决策偏好。

除了利益，每个人在做决策时都有自己的偏好。因此，即使面对相同的情况，不同的人看法也不同。在职场中，员工和管理者都有不同的决策偏好。下面是一些常见的决策偏好点。

高效推进 vs 人际平衡：有些人更关心任务的高效推进，有些人则更关心各方的利益和人际关系的平衡。与前者沟通时，需要强调任务的重要性、效率和推进的策略，与后者沟通时则需要充分考虑多方利益和人际关系，避免冲突和矛盾的发生。

短期利益 vs 长期发展：有些人更注重眼前利益和成果，有些人则更注重长期的发展和战略布局。与前者沟通时，需要强调近期的成果和效益，如果是周期较长的事情，最好能分阶段阐述，介绍清楚第一阶段的收益和周期。与后者沟通时则需要考虑更远的未来，讲述战略的意义和长远价值，通常一年规划并不能满足对方的要求，规划的周期需要更长。

未来收益 vs 潜在损失：有些人更关注正向的收益和可能的回报，有些人则更害怕负向的损失和风险。与前者沟通时，需要重点强调收益和回报，介绍更多增长的可能性。与后者沟通时，则需要更多地关注风险控制和潜在损失的防范，避免让对方感到不安和犹豫不决。

求新求变 vs 追求稳妥：有些人更喜欢尝试新的方法，不断创新和改进，有些人则更喜欢稳定和稳妥。与前者沟通时，需要充分展示新想法的创意和潜力，对于重复的事情需要展示新方法，或者能够构思出全新的事情进行推进，"新"字具有极强的魔力。与后者沟通时则需要更多地讲述稳定性和可靠性，过多介绍创新，反而会让对方感觉不可靠，有风险，增加决策难度。

过往经验 vs 实验结果：有些人更愿意依靠自己的过往经验来做出决策，有些人则更倾向于通过实验和测试来得到可靠的结果。与前者沟通时，需要向其展示过去的经验和成功案例，个人无案例时，需要展示相近的成功案例。与后者沟通时则需要提供更多的实验结果和数据，单纯谈过往经验、谈成功案例并不能说服对方。

微观细节 vs 宏观全景：有些人更加信奉"魔鬼在细节"，小失误会导致大失败，有些人则更关注事情的整体和大局。与前者沟通时，需要提供更多的细节信息和解释，让对方有机会参与到细节的决策中，需要了解对方关注哪些类型的细节，并提前做好准备，方案尽量周全，不能泛泛而谈。与后者沟通时则需要关注事情的整体规划和战略，讲述过多细节反而让对方感觉自己视野不够开阔，思考的格局不够，应该舍小讲大，讲述清楚大的步骤、大的前景、大的阶段。

多面出击 vs 单点突破：有些人更喜欢多线作战，有些人则更喜欢专注于一个方面进行深入研究和突破。与前者沟通时，需要提供多种可能的解决方案和策略，同时需要布局多个推进事项，这会给对方提供更多的安全感。与后者沟通时则需要深入探讨如何聚焦，如何集优势兵力于一点，如何在某一重点上实现饱和攻击。

强势推进 vs 个人口碑：有些人更关注事情的结果，喜欢强势推进，有些人则更关注个人在这个过程中的形象和声誉，在意风评。与前者沟通时，需要展示最终的结果，展示如何能缩短推广周期，如何能加速进程，展示出魄力和果敢。与后者沟通时则需要考虑其他人对做事方法的评价，设计的方案不能过于莽撞，更不能无端得罪许多人。

高举高打 vs 可操作性：有些人更喜欢大格局，喜欢高风险、高回报的策略，有些人则更注重策略的实际可行性。与前者沟通时，需要向其展示高回报的可能性和收益，展示清楚事情可能产生的巨大影响，展示事情潜在的巨大规模，小事在对方眼中是一种可以忽略的存在。与后者沟通时则需要考虑策略的可行性，讲解清楚实施步骤、方式方法，以及对资源调度的提前布局，方案越具有可行性，通过的概率越高。

事实依据 vs 个人直觉：有些人更倾向于根据实际的事实和数据来做出决策，有些人则更注重个人的直觉和预感。与前者沟通时，需要提供更多的实际数据和事实依据，要将证据和逻辑准备完善。与后者沟通时则需要考虑对方的直觉是否符合自己要推进的事情，要了解对方直觉判断的原因。

内部情况 vs 外部趋势：有些人更倾向于关注公司内部的情况，例如组织内部的流程和人员安排等，另一些人则更注重关注外部的趋势和市场变化。与前者沟通时需要关注组织内部的具体细节和问题，与后者沟通时则需要更多地关注市场趋势和竞争对手的情况，如果介绍新产品时未提及外部竞品分析，对方会很难接受你的提案，会认为你的思考不全面，有重大缺失。

事务推进 vs 个人权威：有些人更倾向于推动事情发展，而另一些人更关心个人的权威是否遭受挑战。与前者沟通时可以更多地聚焦于事件本身，与后者沟通时则一定要在推进事务之外，考虑是否让对方有展示和发言的机会，是否使其有参与决策的机会，考虑新的决定是否会让对方难堪，或者与对方之前的决定相悖。

增加收益 vs 控制成本：有些人更在乎做一件事的收益，而有些人优先考量的是做一件事的成本。与前者沟通时可以更多地谈及项目收益，将得到收益的可能性描述清楚，与后者沟通时则要优先说清楚如何控制成本，最好是如何降低成本。

现将上述决策偏好总结如下。

决策偏好表		
1	高效推进	人际平衡
2	短期利益	长期发展
3	未来收益	潜在损失
4	求新求变	追求稳妥
5	过往经验	实验结果
6	微观细节	宏观全景
7	多面出击	单点突破
8	强势推进	个人口碑
9	高举高打	可操作性
10	事实依据	个人直觉
11	内部情况	外部趋势
12	事务推进	个人权威
13	增加收益	控制成本

一个人的决策往往会涉及多个决策偏好。说服沟通前，最好详细了解对方的利益诉求和决策偏好。可以结合职场多元利益表和决策偏好表进行综合分析，并结合分析结果调整对话内容。

对于需要频繁沟通的关键人物，可以平时多观察，记录下对方在意的利益点和决策偏好。优秀的沟通始于透彻的了解。

假定你的上级在工作上有以下利益诉求和决策偏好。

利益诉求	决策偏好
收益需求：升职晋级	高效推进
收益需求：获取资源	求新求变
收益需求：得到项目	实验结果
配合需求：事情能推进	单点突破
安全需求：提高参与度	外部趋势

请结合上面分析的利益诉求和决策偏好，判断下面几项沟通内容是否适合该管理者。

做法1：优先考虑成熟的技术方案，以确保项目的稳定性。基于过往经验，新技术的应用效果并不理想，因此暂不考虑。

分析：该做法违背对方"求新求变"和"实验结果"的决策偏好，并不适用。需要考虑新技术应用的可能性，并设计合理的实验策略，通过实验决定下一步实施的范围。

做法2：在介绍产品规划时，展示了未来要打造的17款新产品，并计划在新的一年中全面开展。同时介绍了这些产品如何利用了公司的内部优势。

分析：该内容违背了对方的"单点突破"和"外部趋势"两个决策偏好。需要明确核心产品，并详细描述如何实现集中突破。打造爆品，比做一堆平庸产品更能吸引对方。同时还需要明确核心产品与外部竞品的对标情况，明确其是否符合未来市场发展趋势，不能完全用内部视角做产品布局。

做法3：在沟通前，尽量将所有的思考和方案准备得非常细致，在一切准备就绪后再与对方沟通。

分析：这种做法在与管理者沟通时很常见，但对于这位管理者来说，他有强烈的安全需求，并希望参与决策过程。因此，更好的策略是将方案分成几个阶段进行讨论，例如确定大方向、制定粗略的原型、展示可用样品等。在每个阶段都与管理者进行简洁而高效的沟通，管理者参与次数越多，沟通越顺畅。

方法2：与对方一起讨论

现实往往比理想状况更残酷。即使我们真心关心他人的利益诉求和决策偏好，也无法做到全知全能。经过多番了解，可能也只掌握一些模糊情况，此时该如何设计对话内容呢？

一个重要的解决方法是：不知情时不乱猜，真心和对方一起讨论。这个方法在工作中非常实用，无论是面对上级、平级还是下级，该策略都可以高频使用。我们在实际运用中会发现一个重要的现象：讨论比宣讲更容易达成共识。与其让对方接受一个新结论，不如让对方参与得出结论的过程。

首先，讨论是一个相互理解的过程，更多信息会在讨论中涌现，对方的观点也会一点点展现出来。这有助于我们了解真实的情况，而不是通过臆想来做出判断。

其次，参与讨论本身就是一种权利。让别人参与讨论本身就传递了尊重的信息。对他人而言，尊重会让结论更具有可信度。

最后，讨论后形成的结论往往是多方意见的集合体。在讨论过程中，各方可以自由发言，这有助于发现一些新问题、新挑战和新障碍，联合讨论也容易找到新的解决方法。最终的结论往往优于之前的个人结论。经过讨论和磨合，最后各方的意见都成为结论的一部分。此时结论与所有人相关，推进起来自然更加顺利。

这里要注意一点：不能让讨论变成漫谈。大家无边际地聊，并不会产生真正的结论。最好在讨论现场把纪要文档投到大屏幕上，只有在纪要文档中写下了明确的结论，讨论才真正富有成效。

假定你是团队的第一负责人，要建立团队的决策共识。常规做法是个人制定好未来战略，然后通过宣讲介绍给团队。如果想获得深度共识，这并不是最佳的沟通策略。

首先，作为团队第一负责人，你有责任主动设计未来，但是设计后不建议直接宣讲。

其次，组织调研讨论会，与各子团队讨论未来发展问题，了解各子团队工作中的困惑，并收集大家的创意。

再次，组织战略制定联合研讨会，组织各业务负责人或各子团队负责人共同商讨战略制定。

最后，组织战略落地研讨会，让各团队成员就如何将决议落实到自己的工作中展开讨论。

通过多轮讨论，即使没有进一步的战略宣讲，战略也会渗透到各个团队中。通过调研、战略制定和战略落地三轮讨论，可以吸收各级成员的意见，大家也容易达成共识。还是那句话：讨论比宣讲更容易达成共识。

方法3：让对方有选择的权利

如果只有一个选项，人们往往会深思熟虑，因为没有回旋余地，必须谨慎。相反，如果我们能给予别人多个选项，让他们自主决策，这样的决定自然更符合他们的标准，反而不需要我们去说服。

例如，新任经理接手项目时，一个常见的策略是直接进行任务分配。但在缺乏对团队成员深入了解的情况下，这种方式容易出现安排失误。因此，另一种有效策略是创建任务列表，让团队成员从中自主选择，根据他们的兴趣和专长来确定各自的任务。如果某个成员的选择不够理想，他可以在下一轮任务分配中获得优先选择权。这种方式赋予团队成员更多的决策权，可以降低说服难度。它将传统的任务分配模式转变为员工自主选择，可以增加员工的自主性和参与感。

面对强势的管理者，员工也可以利用这个方法实现更好的向上管理。沟通时，不要只带着一个方案进入对方的办公室，永远准备多个选项，并一一介绍，将决定权交给管理者。强势管理者喜欢自己做决定，因此提供多个选择能减少说服成本。

面对强势的人，提供更多选择是一个有效的沟通策略。而且要学会寻找强势管理者的优点。强势管理者虽难于沟通，但一旦达成一致，他们的推动力往往较强，反而更容易成事。

增强观点的支撑力度，有理有据

在会议中，意见和建议繁多，然而，真正胜出的观点往往有强大的支撑。观点就如同一个大将军，背后的支撑就像他的军队。军队强，将军才能真的强，光杆司令敌不过千军万马。所以要牢记一句话：成功的观点并不是靠其本身，而是靠其背后的支撑。

四个策略可以帮助你为你的"观点大将军"配备强大的"军队"。即使最终未能说服他人，也会让他们感觉到你进行了深度思考，这将塑造一个积极的职场形象。

方法1：全面考虑"为什么"

一个观点需要充分的理由来支撑。仅提供一两个简单的理由往往不足以说服他人。我们必须认真审视我们的理由是否全面，因为理由的充分性直接影响了观点的可信度。充分的理由会让人感到你的观点是经过深思熟虑的，而不是随意提出的。

每一个有力的结论背后，都有许多详尽的原因。一个优秀的"是什么"需要无数个精准的"为什么"来支撑。

如果想把"为什么"做到尽量完善，需要关注两个关键词：多角度和正反思考。

假设你是一名产品经理，想说服公司在某个新兴市场推出一款新产品。

初级表述：这个新兴市场快速增长，尚无类似产品，如果布局，我们能迅速占领市场。

这个表述的理由显得过于单一，单薄的理由很难说服公司投入巨大人力物力研发该产品。可以尝试从多个角度进行分析，提供更多个"为什么"。改进后的表述如下。

> 建议公司针对这个新兴市场推出一款新产品。理由如下。
> 市场潜力：该市场增长迅速且无同类产品，如果能布

局，我们有机会快速占领市场。

竞争优势：公司在研发和生产方面有强大的实力和经验，而且新产品的开发需求与公司高度匹配，公司可以开发出符合市场需求的高品质产品，并提供出色的售后服务等支持。

品牌优势：该新兴市场与公司原有品牌不冲突，不会产生消费者认知上的混淆，而且原有口碑可以助力我们顺利进入市场。

门店优势：新产品的开发需要在各地开设门店，我们拥有良好的门店布局，能迅速推广新产品，相较于友商，我们在这方面更占优势。

竞争窗口期：目前已有几家友商开始在该领域布局，如果公司晚于他们进入该市场，很有可能失去良机。分析表明，公司应在半年内抓住竞争窗口期，越早行动越能把握先机。

公司增长：原有产品已面临增长困境，如果不寻找新的增长点，公司未来三年的年复合增长率可能低于10%。

案例中，产品经理从市场潜力、竞争优势、品牌优势、门店优势、竞争窗口期和公司增长六个角度进行分析，说服力明显更强。多角度分析能展示个人的深度思考，结论也会变得更加可信。这些理由结合在一起，更能打动决策者。

虽然上述分析已经相当全面，但仍存在盲区，此时可以使用正反思考进行补充。正反思考要求我们同时运用反义词。"成功"之后谈"失败"，"优势"之后补充"劣势"，"营收"

之后探讨"成本"。

以下内容可以补充在发言中。

除了以上的六个理由,我们还应该注意到,公司进入该市场仍然存在失败的可能性。因此,我们需要考虑以下两个方面。

投入力度:竞争对手已安排170个人投入该项目,如果我们的投入较少,可能会导致产品竞争力不足。目前公司如果不做较大调整,可能很难组建相同规模的团队。

新技术应用:新产品需应用新技术,我们目前并未掌握,在这一点上我们落后于竞争对手。我们需要快速建立团队,补足这一短板,避免新产品在性能上不如竞品。

将多角度分析和正反思考整合起来,理由会变得更加充分,思考也会更加全面。强有力的理由能增加结论的可信度。很多时候不是对方"油盐不进",而是我们的理由不够充分。

全面的"为什么"可以为结论保驾护航。

方法2:有坚实的证据

说服别人还要注意虚实结合,观点为虚,证据为实。证据足够明确、有力,方能让观点熠熠生辉。如果只是空口说白话,不筑牢证据的地基,那观点就像一栋危楼,随时可能倒塌。再用武术做类比,观点好似招式,证据是力量。有足够的力量,才能拳拳有力道,才能真正产生效果。如果招式优美,但是绵软无力,那招式就只是花拳绣腿,毫无用处。

让我们来看一个职场中的案例。当公司举行人才竞聘会议选拔新岗位人才时,参选者通常需要进行自我介绍。这是一个非常关键的环节,因为评委可能对候选人并不熟悉,他们需要在短时间内对候选人做出评估。自我介绍的方式往往是候选人之间差距的来源。一个好的自我介绍应该提供充分的证据,而不仅仅是对自己的简单描述。许多候选人并未认识到这一点。假设公司需要候选人进行一分钟的自我介绍,比较一下以下两个版本。

版本1:我是张三,在销售部门工作,我为人亲和,擅长沟通,工作中积极主动,擅长突破业务难题。能吃苦,不怕累。这些年在公司内学到非常多,我也希望有更大的舞台可以回馈公司。

版本2:我叫李四,目前在A城市担任销售部门经理。在过去的四年里,我经历了两个岗位,初期作为销售员,我一年的销售额达到500万元,排名团队前20%。后来,我成了销售主管,负责管理一个7人的团队,我培养出了两个金牌销售,我所负责的销售团队在两年内业绩每年增长45%。

版本1的自我介绍过于笼统且缺乏实质内容,只是简单使用一些形容词介绍了概述性信息,缺乏说服力。相比之下,版本2的自我介绍提供了丰富的证据,这些证据分别展示了个人销售能力、团队管理能力和业绩达成能力。在证据的加持下,版本2能够让评委更加深入地了解自己。

所以自我介绍的本质不是找形容词描述自己,而是找到证据证明自己。一念之差,高下立见。

值得注意的是,证据可以采用多种形式,如经营数据、成功案例、实物展示、实验结果、公司内部权威人士的背书、客户使用情况、实际业务进展等等。关键在于证据必须具有可信度,并与自己的观点紧密相关,这样才能真正地增强自己的说服力。

使用证据时,有两种策略可选:一种是提供一个足够强大的证据,另一种是提供多个证据交叉验证。如果单一证据足够强大,可以选择第一种策略,深入挖掘证据并令其足够震撼。如果单一证据不够强大,就应采用第二种策略,展示多个证据,发挥集体效应。

但是还有一点需要额外注意,那就是证据的普遍性。如果你的证据只是个案,可能会让人觉得这只是个别现象,不值得注意。如果你能提供多个证据来证明问题的普遍性,那么你的观点就会更具说服力。假设你想说明门店招牌需要更新,你需要展示 50 个招牌破损的照片,而不是一两个门店的照片。

方法 3:在众多方案中胜出

我曾经被问到一个极具启发性的问题:"我已经多次向老板阐述了方案的各种优点,但他仍然无动于衷。他难道看不出这些优点吗?"这是使许多职场人士深感困惑的问题。困惑的根源在于很多人存在一个思维误区,他们认为,只要一个方案拥有诸多优点,并且优点多于缺点,那么这个方案就应该被接受。然而，现实却可能恰恰相反：优点多的方案可能被搁置，缺点多的方案也可能被接纳。为何会这样呢？这主要是因为员工和管理者的评价方式不同。

提案者通常只关注他们自己的方案，评判一个方案似乎只需要考虑它自身的优缺点即可。他们认为如果优点多于缺点，方案就可以通过。若是优点少于缺点，方案就应该搁置。但在决策者的视野里不是只有一个方案，他们需要同时评估多个方案，并进行横向比较。只有经过比较并胜出的方案才是最有价值的，即使这个方案也可能存在一些缺点。

换句话说，提案者通常认为方案的价值在于其优点和缺点的对比，而决策者则认为方案的价值在于与其他方案的横向比较。

某信息技术公司正在考虑为销售部门上线一个客户管理系统，以提高销售团队的工作效率和客户满意度。A部门负责人提出了自己的方案：寻找市场上现成的客户管理软件。他列举了这个方案的两个主要优点：

（1）能够快速上线，节约时间成本；

（2）现有团队可以继续完成手头工作，不会影响原有项目工期。

负责人信心满满地找到管理层沟通，没想到方案并未获得通过。负责人觉得管理层可能没有理解这个方案的优势。但真实情况是管理层同时还收到了B、C两个部门提交的方案。管理层需要同时考虑三个方案，而不是只有A部门的方案。

A部门方案：使用市场上已有的客户管理软件；

B 部门方案：完全自主开发客户管理软件；

C 部门方案：购买第三方客户管理软件并进行定制。

每个方案都有其优点和缺点，例如：

A 部门方案的优点是可以快速实施，而缺点是需要支付高昂的许可费，并且定制化程度较低，后续使用会有很多麻烦。

B 部门方案的优点是可以完全按照公司的需求进行定制，而缺点是需要花费大量的开发时间和费用，甚至可能影响现有项目的开发进度。

C 部门方案的优点是具有较高的定制化程度，并且成本相对较低，而缺点是可能需要一些时间来进行集成和定制。

经过整体测算，管理层最终认为定制化集成的时间可以缩短，并能达到工期要求。管理层综合考虑后选择了 C 部门方案。

自己的方案虽然有优点，但并不意味着就能通过。相反，他人的方案虽然有缺点，也可能会胜出。决策的关键在于对不同方案进行全面比较，只有胜出者才是最有价值的方案。因此，在进行沟通之前，建议提前思考更多可能性，尝试思考各种类型的方案，并进行横向比较，以设计出最具可行性的方案。如果只是固执地修改一个方案，而不打开思路，那么沟通内容可能会出现偏差，说服力也会相应下降。

方法 4：有明确的好坏评判标准

在职场上，我们经常面临必须做出决策的时刻，如何让更多的人接受自己的决策也逐渐成了一项重要的职场技能。常见的沟通策略是先告诉他人自己的决策，然后解释原因。然而，还有一种策略值得我们尝试，那就是先告诉他人我们评判问题的标准，然后根据这些标准解释自己的决策。在这种说服策略中，首先要达成共识的不是最终的决策结果，而是评价决策的标准。

贝佐斯在2006年致亚马逊股东的信中提到：以亚马逊目前的规模，要培育出一个对公司举足轻重的新业务并不容易，关键是要制定一些选择的标准，要有耐心，还要有注重新业务培训的公司文化。在我们将股东的资金投入任何一项新业务之前，我们必须相信，这项新业务能带来股东决定投资亚马逊时所期待的资本回报，我们还必须确信这项业务今后能达到的规模，这对我们整个公司来说都是举足轻重的。此外，我们必须相信，这项新业务目前尚不完善，而我们有能力为这个市场提供具有显著差异性的产品或服务。如果不是这样，我们不可能做大这项新业务。

这封信是贝佐斯与亚马逊股东之间的沟通。在沟通未来新业务的具体选择之前，贝佐斯先行解释了亚马逊选择新业务的三个标准：（1）新业务能带来股东期待的资本回报；（2）新业务未来的规模能在公司业绩中占有重要地位；（3）亚马逊有能力为该市场提供具有显著差异性的产品或服务。

沟通决策标准时，还未说明具体选项，各方反而可以较为客观、公正地进行讨论。标准可以肯定一件事，也可以否定一件事。一旦标准达成统一，所有人都有评价权，这将让各方更安心。同时，若他人能基于此标准自行做出判断，就能完成自我说服，节省下大量的沟通时间。有了统一的评判标准，后续讨论会便捷很多。

由此，我们总结出一条新的说服策略：先沟通标准，再讨论选项。

有趣的一点是这个策略甚至可以帮助我们完成很多艰难选择。很多时候我们之所以纠结，在各个选项之间来回摇摆，就是因为缺少清晰的评价标准。而标准一旦确立，别人眼里的艰难选择会变得轻而易举。学会用评价标准帮助自己做出判断，我们才能更好地运用这个方法说服别人。

我们在工作中经常会面对同事之间的争端，而先设立标准也是处理争端的一个好武器。

当两个部门在公司内部争取新方案的主导权时，A部门提出了他们的方案并列出了许多优点，但是B部门认为自己的方案更优秀。于是，两个部门之间产生了冲突。在这种情况下，一位公司高管决定召集两个部门的领导开会，以讨论哪个方案更有利于公司的整体利益。

高管在讨论会上提议先将各自的方案放在一边，为了以后能批量处理类似的争议，两个部门需要和自己一起商讨出方案的核心评估标准。因此，他们共同制定了以下评价标准。

1. 新方案的成本不能比原有方案高；

2. 新方案在提交时需要经过了至少三个月的实验，并达到相应的数据要求；

3.新方案实施难度不能过大；

4.新方案能持续多年，且符合公司价值观。

随后，双方一起参与评估，确定各自方案符合哪些标准。A部门侧重于强调他们方案的效率和成本，但最终实施难度上没有达到标准。B部门则强调了方案的可持续性和符合公司的价值观，可惜目前没有完成实验。讨论后，双方方案都没有通过，但各自接受调整，回去根据标准进行修改。高管提出如果两个部门的方案最后都达标，且不相同，公司将同时投入，展开"赛马"。一场冲突就此化解。部门之间的方案之争被转变为"自己的方案是否符合标准"的评判，讨论的性质就有了本质的不同。

合理转换反对意见，化敌为友

沟通不可能总是顺风顺水，总会遭遇反对意见。有时领导的意见与自己的不一致，有时同事对自己的方案表示了不满。此时该如何沟通呢？

前文提到的说服策略在此依然可以应用，但是有一些特别的方法需要进行补充，用这些方法处理反对意见时更具有针对性。

方法1：区分方案与需求

在职场中，我们经常会遇到彼此意见不一致的情况。这时，有些人会感到无助，不知所措，而有些人则会奋起反击，让沟通变成一场激烈的争吵。其实，我们还有另一种选择：通过友好的交流，达成共识，平息争议。

要做到这一点，一个好用的沟通策略是：和对方一起将方案和需求区分开来，让对方意识到虽然方案更改了，但需求依然可以被满足，此时对方就更容易接受新方案。方案是指我们提出的解决问题的具体方法，而需求则是我们解决问题的根本诉求。很多争论看似激烈，其实只是由于表面方案不同，此时不要着急做方案之争，要回到需求上来，在需求上寻找共同点。如果我们把它们比作旅行的路线和终点，那么从 A 点走到 B 点是人们的需求，而路线则是方案。很多争论看似是由于观点不一致，实际上只是因为路线选择不同。

那么，如何说服对方接受我们的方案呢？我们可以先让对方认识到自己的核心需求是从 A 走到 B，回到这个需求上来，提醒对方满足需求才是最重要的，方案的选择可以更加灵活，而我们非常在意对方的需求，我们的方案可以满足这个需求。表面看起来双方选择的路线不同，但是大家要解决的问题是一致的，此时双方的意见有了一个新的共识基础，这样，后续的说服就能更顺利地进行，对方也更容易接受我们提出的新方案。

假设你是一位销售员，需要说服客户购买你的打印机。客户希望能够得到更多的折扣，售价降低到与另一款打印机相同的水平，否则不会购买。然而，你面临的难题是，如果再给出更多折扣，商品的利润率就几乎没有了。那么，该如何沟通呢？

不要着急针对折扣问题进行辩论，而要引导客户回到核心需求上来，要通过询问确认客户的核心需求。假定客户的回复是想降低使用打印机的成本。在确认需求后，提醒客户为实现这个需求，有不同的方案可供选择。除了降低打印机价格，降低耗材费用也是一种可行方案。

与竞争对手相比，虽然我们的打印机售价略高，高出147元，但是我们的耗材更经济实惠。对方的打印机墨盒每个售价为70元，可彩色打印500张；而我们的墨盒每个售价为85元，可彩色打印3500张。假设打印3000张彩色内容，我们的打印机只需要使用自带的墨盒，而不需要额外购买。而竞争对手的墨盒已经耗尽，需要额外花费350元购买5个墨盒。如果打印10000张，我们的打印机将为客户节省更多成本。打印得越多，节省得越多。

通过了解客户的需求，你可以提供更符合他们需求的方案，同时也让客户认识到，有很多方案可以满足他们的需求，而这些方案不一定都是提供更多的优惠和折扣。这样，客户就更容易接受你的建议，也更愿意采纳你提出的方案。

简要总结如下：

- 如果对方提出一个不同的方案，但并不合理，不要着急反驳。
- 通过询问确认对方的核心需求。
- 引导对方意识到方案和需求并不是一回事，满足自己的需求可以有不同的方案。
- 阐述新方案如何能更好地满足这个需求。

方法 2：否定意见变为修改意见

同一件事，从不同的角度观察，我们可能得出不同的结论。这就是我们常说的"横看成岭侧成峰"的道理。我们之所以会和他人产生争论，其中一个重要原因在于，我们的视角过于单一，容易将他人的不同看法误解为对自己的否定。

假设我们把一件事比作一个多面体，看待一件事就不能只看到一面，而是要从不同角度看到多个侧面。哪怕是一枚硬币，它也有正面、反面和侧面。所谓观点往往只是一两个侧面的总结，未必是事物的全貌。我们和他人的观点不同可能仅是因为观看角度不同，并没有本质上的分歧。理解了这一点，就能看到反对意见的别样价值。反对意见给这个多面体提供了不同的观察侧面。如果我们能从更高的角度，整合各种反对意见，就能更全面地呈现事物的真实面貌。因此，我们应该尝试把反对意见看作对我们方案的有益补充，而非对我们的挑战。换言之，我们可以尝试把否定意见转化为对我们方案的建设性意见。

在职场中，我们可能会面对他人的不同意见或对我们的批评，这可能会让我们感到受挫，甚至觉得被否定。但这种想法往往过于情绪化。他人的批评并不一定是对我们的否定，更可能是他们想帮助我们改进方案和思路。因此，我们应该寻找其中的可取之处，改进我们的方案，使其更为完善。这样，我们就能有效地运用每个人的观点。掌握这种能力的人可以说学会了沟通中的"吸星大法"，天下武功，皆可为己所用。

以某公司的营销部门为例，他们正在策划一个新产品的推广活动，其中一个提议是在社交媒体上进行推广。然而，其他部门的同事提出了一些反对意见，营销部门的人员开始感到受挫，他们觉得其他部门不能理解新媒体的价值，不能适应新的时代，于是开始用各种理由反驳，认为新媒体是未来的趋势，公司必须学会在新媒体上推广产品，最终导致双方争执不下。

如果营销部门能认识到事物是一个多面体，沟通方式就可能发生变化：

首先，他们需要改变自己的防御心态，不要将他人的反对意见理解为攻击，而要尝试从他人的视角思考问题，并将这些反馈融入到最终的方案修改中。

其次，营销部门需要通过平和的对话，理解同事的担忧和顾虑。沟通中，他们发现大家普遍担心社交媒体上充斥着低质量的广告，很多短视频粗制滥造，认为这可能会破坏公司的形象，甚至可能带来负面影响。

最后，营销部门可以尝试整合这些意见，将其纳入方案设计中。他们可以向同事们解释，他们的担忧是合理的，因此我们需要提升在新媒体上的宣传品质。比如，将原本计划找小网红宣传的方案，改为与行业内的知名人士合作，在其账户上推广产品。同时，聘请专业团队拍摄高品质的短视频，避免低质量的制作影响公司形象。这样一来，我们不仅可以在新媒体上推广产品，还能提升产品的形象，实现双赢。

在这样的思路引导下，最开始的争论演变为一起讨论如何选择展现方式和合作名人才更符合公司形象气质。反对意见转变为修改意见，他人的思考也能融入到最后的方案中。从一开始的争吵，变为集思广益，沟通的局面一下子就打开了。

这一做法还有额外的好处，那就是会让他人感觉自己是可帮之人。很多人习惯性地否定别人的意见，别人刚提出一个想法，他们就急于否定。久而久之，别人就不愿意再与他们交流想法，感觉自己的好意完全不被接纳，而他们也不需要大家帮忙。这样的攻击状态会让自己错过很多机遇和贵人，导致"赢了嘴仗，输了职场"。

方法3：提前进行质疑演练

职场沟通并非总是一帆风顺，汇报过程中总会遭遇质疑和反驳。我们需要明白，这是职场的常态，无须畏惧，做好充足的准备才是最佳策略。不怕他人的质疑，是一项重要的心理素质，但实现这一点并非易事。一个有效的策略是在尝试说服他人之前，自己先进行质疑演练。通过对自己的观点、方法和计划进行深度质疑，我们可以更充分地准备，更自信地应对他人的问询。这种策略还可以帮助我们预先发现并解决问题，使我们的方案更完善、更可靠。

某公司的员工小张要进行年终述职，准备完常规内容后，小张主动站在管理层视角对自己的发言进行"声讨"，经过思考，他写出下列可能面对的问题：

①自己的工作对公司的价值是什么？
②能否用量化的指标来展示工作的成果？
③如果不做这些工作，是否会对结果产生重大影响？
④这些工作对部门战略的意义是什么？
⑤看起来都是日常工作，那么工作的亮点是什么？
⑥在工作中有创新吗？
⑦如果想在下一年做得更好，应该做出哪些改变？

自我质疑后，小张发现②④⑥⑦点在述职中并未体现，于是他针对这些问题做了专门的修改。在实际汇报现场，小张的表现相当不错，仅遇到一个新问题，但也顺利地解答了。管理层赞赏小张的汇报全面且务实。如果小张没有预先进行自我质疑，也没有提前准备，这些问题在现场突然提出时，汇报可能会演变成一场"灾难"。

没有那么多的临场发挥，所有的机智不过是厚积薄发的另外一种体现而已。

像小张一样，在自我质疑时，写下质疑清单是一个很好的方法，它可以帮助我们系统地记录可能面对的问题，让自己更清晰地认识到问题所在，并有针对性地给出解答。想利用好质疑清单这个工具，可以关注以下几点。

1. 质疑清单中的一部分内容要源自个人积累。把自己想到的问题和开会时遇到的各类问题汇总在一起，每次发言前都可以拿出常见问题进行对照，这有助于让自己的思考更加全面。

2. 可以请相熟的人提出问题，这样可以获得不同角度的反馈和建议，从而更好地发现自己的盲点和不足。

3. 可以根据领导的不同风格，记录下常见的疑问点。这样在以后面对不同的人时，你会清楚地知道必须回答哪些问题，内容准备可以更有针对性。

4. 学会构建常见疑问库。需要将个人疑问、朋友的疑问、他人平时提出的疑问和不同领导的常见疑问整合在一起，构建一个常见疑问库，并保存在电脑中。每次发言前，都拿出这个大清单进行逐一核查，这样可以使你的发言内容准备得更加充分。

随着沟通次数的增多，疑问库会不断丰富。以下是一些可能用到的疑问参考。

- 效率：方案是否足够高效？是否有更有效的方案？
- 成本：方案所需的成本是否合理？是否值得投入？
- 安全：方案是否安全？是否会带来安全风险？
- 可行性：方案是否可行？是否有足够的资源和技术支持来实现它？
- 可持续性：方案是否可持续？是否能够长期维持？

- 利益相关方：方案是否满足利益相关方的需要？是否会影响其他人的利益？
- 法律和规定：方案是否符合法律和规定？
- 交付时间：方案能否按时完成？是否会影响其他工作？
- 战略问题：方案是否符合公司的战略？是否符合公司的长期目标？
- 其他选项：是否已经考虑了其他选项，并进行了横向比较？
- 外部对标：是否自说自话，有没有充分进行外部对标？
- 舆论风险：是否会引起社会舆论或声誉风险？
- 理性程度：是否过于基于主观判断或直觉，数据支持是否充分？
- 成功案例：过往是否有成功的案例可以支撑？
- 适用性：这个方案是否真的适用于我们的情况？
- 实施难度：这个方案的实施难度是否很大？
- 考虑的全面性：这个方案是否考虑了所有可能的问题？
- 方案效果：这个方案是否能够真正解决我们的问题？
- 细节完善性：这个方案的细节是否足够完善？
- 资源限制：这个方案是否受到资源限制？
- 人力资源问题：这个方案是否需要大量人力资源？
- 竞争力问题：这个方案是否能提升我们的竞争力？
- 风险可控性：这个方案是否存在不可控风险？
- 财务影响：这个方案是否会对我们的财务状况产生影响？
- 管理难度：这个方案是否会增加管理难度？

- 市场反应：这个方案是否符合市场需求？
- 能否复制：这个方案是否能够复制在其他地方或项目中？
- 潜在问题：这个方案是否存在潜在问题？

得到行动的具体方式

得到行动是内容三角的第三个顶点，也是最重要的顶点。无论我们获得多少关注和赞同，如果没有得到行动，对话的效果都将大打折扣。得到行动是评价对话内容的最高标准。假如你在公司的培训会中发表了一番热情洋溢的讲话，现场气氛热烈，但如果培训结束后，受训者的行为没有产生任何改变，那么这次的对话效果就只限于现场，无法在更大的范围内产生深远的影响，甚至可以说这次培训没有任何实际作用。

在设计对话时，有四个方法可以帮助我们获得想要的行动。

方法1：提前写下需要得到的行动

如果不知道终点在哪里，就很难设计出高效的行进路线。对话时，如果不知道期待得到的具体行动是什么，也很难设计出高效的对话内容。想解决这个问题有一个行之有效的方法：在开始交谈前，清晰地写下自己希望得到的具体行动。"写"这个动作尤为重要，写的过程就是让我们把目标明确下来。

假设你是一名普通员工，在进入管理者办公室之前，你应该明确自己期望得到的具体行动,否则即使与管理者进行长谈,对话也可能无法取得实质性的成果。假设管理者邀请你到办公室进行近期工作的汇报,除了汇报工作,你可以写下自己期待的行动,例如希望领导能协助你与合作伙伴的高层进行一次交流。有了这个目标,你在对话时可以有意识地提及,一旦得到了这个行动,这次对话就可以看作一次巨大的成功。

假如你是一个团队的管理者,你发现最近团队的周例会效果欠佳,参会人员对会议似乎不够重视。你可以选择召集大家,严肃地强调例会的重要性,但这种"教诲"方式未必能有效地改变现状。如果你反复强调,情况仍未改善,反而可能会削弱你的管理威信。

一个创新的做法是把目标行动写下来。有了目标行动再与团队进行沟通,这时沟通会更高效。为了解决很多人不落实例会确定的任务的问题,可以写下两个目标行动:

1. 纪要整理人员在周例会一开始展示上次纪要中的任务和相关负责人。

2. 行动负责人需要在例会开始后陈述上次任务的具体进展。

为了解决例会低效、没有明确结论的问题,可以尝试写下这样的目标行动:

1. 例会结束前,纪要整理人员需要在大屏幕上展示此次会议形成的任务清单和对应负责人。

2. 例会结束前,行动负责人需要复述纪要上自己要完成的事项,并限定截止日期,完成信息确认。

可以邀请团队一起书写清单，这样后续沟通更简单。有了例会行动清单，例会改进目标更容易达成，原本需要开展一小时的说教，现在可能只需要进行 10 分钟的宣读。10 分钟的介绍就可以快速改变例会的开展效果。

方法 2：现场展示行动清单

许多会议热闹非凡，但效果欠佳，常常是因为缺乏结尾部分的行动清单展示环节。这一环节的缺失会造成三大问题。

1. 意味着会议并未达成对后续行动的共识。许多团队善于做会议纪要，但可能忽略了记录核心内容。会议的结论和下一步行动是需要被记录的重要元素，尤其是后者绝对不能忽视。

2. 参会人员并不清楚自己后续应该做什么。讨论结束后，如不明确要采取的行动、负责人和截止时间，需要采取的行动就会模糊不清，有些人就不知道下一步该做什么。

3. 后续的进展无法被跟踪，监督者也无法明确哪些动作需要管理，后续跟踪的缺失会使人们忽视会议的结论。

因此，沟通时，确定明确的行动并做文字记录是个良好的实践。这有助于提升效率，减少混乱，并保证任务得到妥善分配和跟进。

优秀的行动清单需要满足以下几个条件。

1. 所有的行动明确、具体、可执行。"开会时所有人都要认真参会"并不是一个明确的行动。更明确的行动是"每次开会前要用 10 分钟回顾上次会议的行动进展"。

2. 每个行动必须明确负责人。有人负责，才会有人采取行动，事情才能得以推进。后续如果出现问题或延误，大家也知道立即找谁去解决。

3. 一定要规定截止日期。截止日期就是"生产力"，有了明确的截止日期，人们才有紧迫感，后续也知道何时进行检查。

如果是团队开会，可以参考以下做法。

1. 开会时安排专人记录各成员需要落实的行动。

2. 会议中需要所有人记录自己要执行的行动。

3. 结束前将行动清单在大屏幕上展示出来。参会人员将自己的记录与清单中的内容进行核对，确认无误后，行动清单开始生效。

如果你和比自己级别高的人一对一面谈，上述行动不太现实，这时可以考虑以下策略。

1. 自己记录。一是记录自己后续要开展的行动，二是记录领导后续需要开展的行动。

2. 对话结束后，以询问确认的形式呈现你的记录。"领导，我简单记录了一下今天的讨论结果，您看看我记录的是否有误，我后续需要做……后续需要辛苦您处理的是……您看我这样理解是否正确？"客气地问询，依然可以起到明确行动清单的作用。

方法3：微小的第一步

想要拥有一棵大树，首先需要播下一粒微小的种子。这粒种子虽小，却是大树成长的起点。同样地，如果我们希望他人采取一系列行动，也需要一个小小的初始动力，这就是我们所说的"微小的第一步"。这里暂且把这种策略称为"种子启动法"。

我们不应期待他人能一步到位，更不应期望他们一开始就能接受复杂的改变。对于困难的畏惧并非个例，而是极其常见的情绪反应。我们自己也是如此，面对一个巨大的任务时，我们可能会感到无从下手，这可能导致任务被拖延。因此，当我们希望对方采取行动时，可以将任务分解成一系列小的、易于实施的步骤，尤其是第一个行动，越简单、越轻松就越好。这样一来，他们就能够更快地行动起来。这个"微小的第一步"就像多米诺骨牌的第一块，推倒它，后续的行动就更容易发生。这种逐步的改变通常比一蹴而就的策略更靠谱，这个观点在本书中也做了反复强调。

假设你是一个管理者，你的一位下属在团队管理上出现了问题，新项目进展缓慢，工作质量也有所下降，你希望他能有所改变。目前看来，团队中存在许多问题，许多员工感到他的指示无逻辑，整体思路也相当混乱。虽然他本人有改变的意愿，但由于问题复杂，他不知道从何开始。作为上级，你提出了一系列改进建议。如果他能按照这些建议去调整，那么情况确实能有所改善，但是他听完整个新的工作方案后，仍然感到无从下手。为了减轻他的压力，你可以给他提供一个"微小的第一步"。在沟通后，建议他就做一件小事：近期召集团队成员开项目安排共创会议,让团队成员参与到工作计划的制订中来。简单来说就是:先开联合讨论会议,再安排具体工作。这个简单的步骤为他提供了一个轻松的开始,使他无须投入太多的时间或精力。当对方顺利完成了第一个任务时,他往往会有一种成就感,也相信自己有能力改变现状,这将激励他继续前进,并最终完成整个任务。

小小的种子拥有大大的力量。这就是"微小的第一步"。

方法 4:预约提醒,落实提醒

在职场中,养成良好的职业习惯至关重要。对于自己重视的事项,你自己就是责任人,不能把成败的责任交给他人。当他人没有按承诺行动时,不要抱怨,应该反思自己是否及时做了提醒。需要做成事的是自己,需要多做一些工作的也应该是自己。无论是管理团队还是向上管理,这个原则都是适用的。

为了确保对方不会忘记,我们在对话结束前需要预约提醒,也就是告诉对方在需要的时候会再次提醒他们。这样做有两个好处。

1. 让别人对提醒有心理准备,避免后续出现情绪上的抵抗。
2. 预约提醒本身就是一次提醒,会增强对方对行动的关注。

预约提醒常见的做法有以下几种。

1. 在软件中设置协作工作日历。日历中会记录需要进行的行动,并在软件中设置提醒。该日历对所有成员可见。
2. 如果对方是高级别领导,自己并不方便直接提醒,可以和他的秘书沟通，让秘书在截止日期前提醒他完成任务。

3. 告知对方在任务截止前三天你会提醒他，然后在约定的日期联系他。根据任务的不同，提前提醒的天数可以相应调整。

4. 主动告知对方你会在某两个具体时间进行提醒。通常在第一次提醒时，对方可能还未开始行动，但这次提醒能使对方注意到你说到做到，从而引起他们的重视。第二次提醒时，通常会发现事情已经在进行中了。

5. 如果你是一位高级管理者并且工作繁忙，你可以指定一名同事作为"任务进度提醒专员"。将此角色公开告知团队，每次沟通后把行动清单交给提醒专员，让他负责具体的跟进。

在向上管理的过程中，友善提醒是一个重要技巧。态度上要让对方可以接受，理由也要比较充分，但是该提醒的时候确实要提醒，此时领导才会真的分配时间，完成相关动作，这样工作才能推进。否则，如果领导迟迟未动，整个项目都会停滞。

最重要的是基本功

在这个充满竞争的世界里，我们容易追求快速的成功，渴望掌握一些华丽的理论，提升自己的认知段位，却不愿意花费时间去深入学习那些朴素却有效的方法。我们总是希望找到一种万能的秘籍，实现一劳永逸，却不愿意认真练好每一项基本功。这样的心态，很容易让人心浮气躁、眼高手低。

其实，很多简单的办法如果能反复操练，往往能产生超越期待的价值。这一点很像练武术，任何一个门派如果能潜心练习，都会有进步，虽然不一定是江湖第一，但至少有了一身武艺，能够防身，能够谋生。若是这个练一点，那个练一点，最后反倒样样不行。

简单招数练到极致就是绝招。

因此，若想提升自己的对话能力，我们需要尊重基本功，重视基本功，深入练习基本功。本章介绍的方法可以视为对话内容设计的基本功，它们的名字朴实无华，但全部出自实战经验，它们或许不玄妙，却真实有效。如果你愿意踏踏实实去实践，这些方法的价值就能逐步体现。即使在某次职场沟通中，我们只能在实践中使用其中的一种方法，也是不小的进步。例如，前文提到我们可以尝试将"否定意见"转变为"修改意见"，将它融入自己的方案。也许明天沟通时，你就会遇到类似的情况，请尝试运用一下。所谓熟能生巧，这样的实践不仅可以提升我们的对话能力，也能帮助我们解决真实的问题。

在实践中，我们需要将浮躁的心沉下来，把速成的念头放在一边，踏实训练基本功。只有这样，我们才能真正掌握这些方法，将它们应用于真实的职场实践，才能让它们变成我们的绝招。

第四章

表达三角是对话加油站

一辆汽车可以在短时间内快速行驶，但如果要行驶更长的距离，就不能忘记加油。加油后，发动机才能发挥出最大的功效。如果我们把沟通比作一辆要去远方的汽车，表达三角就是这辆车所需要的加油站。

在沟通中，利益三角、内容三角和表达三角各司其职，当它们形成合力时，沟通效果最显著。利益三角的作用类似于导航仪，确定沟通的方向，内容三角好似发动机，提供沟通所需的动力，而表达三角好似加油站，确保沟通的持续推进，即使在面对困难和挑战时，沟通这台"汽车"也能不断前行，不停歇。

表达三角有三个顶点，分别是清晰简洁、情绪安全和人际勇气。职场对话有其特殊性，这三者相互配合，缺一不可。假定我们准备的是公众演讲，核心要素可能就会与此不同。

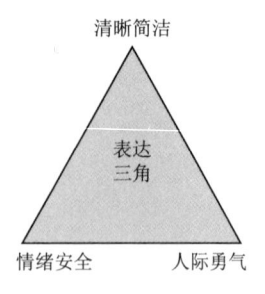

```
         清晰简洁
            /\
           /  \
          /表达\
         / 三角 \
        /_____\
      情绪安全  人际勇气
```

接下来，我们介绍一些实用方法来落地表达三角。

清晰简洁

在职场沟通中，清晰简洁就像一把利刃，能够削去烦琐的废话和无关紧要的细节，让信息直达目的地。这种表达方式帮助人们迅速抓住重点，做出明晰果断的决策。

清晰简洁的沟通有很多好处：

1. 节省时间：清晰简洁的表达方式给他人留下宝贵的印象。使人感觉跟你沟通不会浪费时间，每一分钟都值得，这能帮助你建立良好的沟通口碑。

2. 容易记住：当内容变得清晰简洁时，听众更容易记住关键要点，有助于进一步配合。

3. 减少混淆：冗杂的信息更容易使人产生误解，导致彼此信息不一致，后续交流会更困难。清晰简洁的表达能减少这种情况的发生。

4.凸显专业性：当我们能用清晰简洁的语言介绍复杂的事情时，更能让别人感受到我们的专业性。相反，冗长繁杂的表达容易让对方质疑我们自己是否真的明白。

沟通时要做到清晰简洁，有几个简单易行的方法，比如沟通时计时，写沟通摘要，利用思维导图梳理发言逻辑，制作清晰简洁的幻灯片，等等。

计时沟通

之前我强调过，尽量缩短自己的发言时间是一个好习惯，这可以增加发言的吸引力。在追求清晰简洁方面，时间仍然是一个好用的训练工具。因此，建议养成一个良好的习惯：在发言时计时，并进行限时发言的训练。

有了时间限制，我们就必须谨慎选择我们的表达，这样更容易达成清晰简洁的训练目标。以下是两个好用的训练方法。

第一个训练方法：计时发言，确保准时结束

训练自己准时结束发言。确保发言在规定时间内结束，建议将计时器放置在桌面上或在电脑上设置计时器，以便随时检查。不建议使用手表计时，发言时抬起手腕看表并不是一个好的沟通暗示。

讲话开始后，增加查看时间的次数。频繁检查时间可以帮助我们调整讲解速度，在必要时跳过次要内容，从而更好地控

制时间。如果前期不检查时间，到最后 5 分钟才意识到有大量重要内容还没介绍，发言就会变得冗长，甚至会超时。准时结束发言在职场中是一种靠谱的表现。

第二个训练方法：时间减半训练

假设你是一位项目经理，需要在一个团队会议上就一个即将开始的项目进行一小时的介绍。常规做法是就按照一小时去准备发言。然而，这样准备会使你的紧迫感不强，也不会更严苛地筛选内容，最后的发言自然也不容易做到清晰简洁。可以尝试以下三个步骤。

第一步：按照一半时间准备核心内容。将一个小时的发言时间打五折，只准备 30 分钟的核心内容，但要确保覆盖到所有重点。这样做是逼迫自己筛选出真正的要点，强制对自己要讲的话进行排序。在这种情况下，你准备的核心内容可能包括以下几个方面。

1. 项目的目标和预期的成果（项目能解决的问题和能实现的数据目标）；

2. 主要的任务和关键的时间点（四项任务和五个关键时间点）；

3. 项目组人员架构（人员架构图及简要说明）；

4. 需要的核心资源（资金、编制和必要的器材）。

在四大板块内部，你也只能选择最重要的内容。你需要在 30 分钟内清晰地阐述这些要点，避免冗余和重复。这个"时间减半版本"还有一个妙用，那就是万一现场发言时出现意外，例如领导突然告知你后面临时加了一个会，你没法讲一个小时，只有40分钟，你也不会慌乱，从容地介绍这个压缩版本即可，别人会觉得你临场反应迅速，但实际上你不过是多做了些准备而已。

第二步：针对性扩充。在核心内容基础上做有针对性的扩充，如果时间充裕就可以介绍扩充的内容。例如，根据听众的需求和特点，对重点内容或难以理解的内容进行适度扩充，或者补充一些核心内容中没有覆盖的观点。在这个案例中，扩充后的发言大纲内容如下（划线处为补充内容）。

- 项目的目标和预期的成果（项目能解决的问题和能实现的数据目标，<u>与竞品的比较</u>）；
- 主要的任务和关键的时间点（四项任务和五个关键时间点，<u>每项任务的基本流程</u>）；
- 项目组人员架构（人员架构图及简要说明，<u>四类工种的核心职责</u>）；
- 需要的核心资源（资金、编制和必要的器材）；
- <u>项目组汇报的说明（介绍后续项目汇报的时间点和基本内容）</u>。

上面大纲中的内容分成两部分：核心要点和补充内容。这样就能实现主次清晰，方便在发言现场根据时间灵活调整发言内容，确保做到清晰简洁。

第三步：结尾留白。也就是说一小时的发言最后要留白，即使在增加了补充内容后，整个发言时长也只能是 50 分钟，最后 10 分钟作为缓冲时间，这个缓冲时间有妙用。

如果感觉听众有疑惑，这 10 分钟可以用于互动和答疑，讲解和答疑配合起来，能最大程度减少听众心中的困惑；对听众感兴趣的部分进行适度补充；如果前面讲解拖沓了，这 10 分钟可以用来补救，帮助自己讲完所有内容；如果感觉效果已经达成，不要再使用缓冲时间，直接提前结束发言，给人留下言简意赅的好印象。

如果能运用好计时发言和时间减半训练的方法，那么即使个人没有额外学习表达技巧，发言也会更加清晰简洁。

如果你是一名管理者，也可以通过使用计时器的方法让团队的发言更加清晰简洁。以下是三种情况下运用计时器的方法。

1. 计时发言：在会议中，为发言人的讲话设定时限。比如，我们可以在讲台上放置一个有提示音的计时器，随着发言的开始，计时也随之启动。一旦时间到，计时器会发出声音，发言人必须立即结束他们的发言，即使他们的幻灯片还未讲完，也只能快速翻过剩余的内容，而不能再继续阐述。在团队会议中使用计时器，可以确保每个人都享有同样的发言时间，防止某些成员占用大部分会议时间，从而提高团队的协作效率。同时，计时器也能促使我们更加珍惜发言时间，尽量避免讨论无关紧要的内容，提升表达的效率。长期这样做，团队的发言能力会得到提升。

2. 会议中进行议题计时：在一次会议中，可能需要讨论四个议题。如果没有计时，第一个议题很可能会占用大部分的时间，导致后三个议题无法讨论。为了更有效地分配时间，我们需要在会议开始前确定每个议题需要的讨论时间。讨论开始，计时器也随之启动。当铃声响起时，我们需要总结当前议题，然后转向下一个议题。利用计时器，我们可以确保每个议题都得到充分的讨论，避免遗漏重要内容。

3. 一对一沟通计时：有些员工在沟通时可能没有重点，或者发言过于冗长，与他们沟通可能会耗费至少一个小时，这会让管理者感到疲惫不堪。一种解决办法是：设定一对一沟通的时间限制，当员工走进办公室时，根据沟通的主题设定一个时间，比如 20 分钟，然后启动计时器，铃声响起，一对一沟通即结束，管理者会与下一位员工进行沟通。设定计时后，管理者和员工的沟通会变得更加高效，员工也会更认真地准备自己的沟通内容。

练习写摘要

我们常常谈及人生中的断舍离，其实这个理念同样可以应用到我们的职场对话中。清晰简洁的说话方式就像整理收纳时只保留必要的和喜欢的物品，将多余的和不必要的东西剔除，让空间更加整洁和有序。这种说话方式可以让我们的思路更加清晰，让别人更容易理解我们的意思，从而提高我们的表达效果。

然而，要做到清晰简洁并不容易。我们需要进行专项训练，付出精力和时间去剔除冗长和不必要的内容。正如马克·吐温所说："我今天没时间给你写一封短信，所以只好给你写了一封长信。"用更少的文字表达更多的内容需要付出更多的精力，但正是因为如此，别人才会感受到我们的用心。我们的沟通要从"机关枪模式"切换到"狙击枪模式"，更加精准，也更节约时间。

建议平时加入一种特别的训练：写摘要。写摘要训练的是压缩信息的能力，是一种有效的训练方法，训练自己用更少的文字概括更全面的意思，提高表达效率。训练流程很简单，我们可以选择一段长文，阅读后书写摘要。摘要写得越好，我们的沟通能力就越强，这个简单的训练会提升我们的信息筛选能力、概括能力和简约表达能力。

假设你是财务部门的同事，现在要做一次工作汇报，原定要说的内容如下。

尊敬的领导和各位同事，大家好。今天我来向大家汇报业务的财务状况和未来的规划。首先，让我们来看看上一季度的数据。总体来说，公司的财务表现良好，收入和利润都有一定程度的增长，其中销售额增长了30%，利润增长了15%。这两项都超过了预期，原本以为只有14%和5%的增长。这主要得益于我们在成本管控和市场营销方面的努力。

过去团队在这两个方面花费了大量精力,进行了多次研讨,实施了三种不同的方案,最终取得了比较不错的成果。当然,我们也要看到一些问题,比如现金流状况不是特别理想,需要我们进一步加强财务管理,这方面以前管理得还是不够严密,接下来要在这方面重点发力。而且,我们希望能够花更多的精力增加销售渠道和控制成本,力争在竞争激烈的市场中保持竞争力和稳定发展。谢谢大家。

阅读后,对核心内容进行提炼,提炼后的摘要就是简洁版本。

摘要短文:上季度业务表现超预期,销售额增长30%,利润增长15%。团队实施了三种方案,在成本管控和市场营销方面初见成效。同时也发现了一些问题。未来计划加强财务管理,以解决现金流的问题,还要增加销售渠道,控制成本,努力保持业务竞争力。

书写完摘要后,尝试用合适的语速,自信地把摘要内容说出来。练习50次以上,能很好地解决说话啰唆的问题。

写摘要练习总结起来总共分为三步。

第一步:寻找较长文字。

第二步:书写摘要。

第三步:自信地说出摘要内容。

那从哪里寻找可以压缩的长文呢?有两个比较实用的方法。

1.在网络上寻找与业务或管理有关的文章,然后为整篇文章或某个段落书写摘要。这种方法的好处在于训练素材多,可以持续进行练习。

2.平时录制个人发言,然后利用语音转文本的软件把发言整理成文字稿件,这时就有了属于自己的训练材料,针对自己的发言文稿练习写摘要。这种方法的好处在于更容易发现自己发言中的问题,并能有针对性地进行提升。

利用思维导图梳理发言逻辑

一场 30 分钟的发言结束后,听众的感受可能截然不同:有些人的讲话让人感觉清晰且简洁,而有些人的发言却可能让人觉得冗长而难以理解。其中的差异可能在于讲话的逻辑性。如果发言逻辑清楚,即便时间稍长,听众也能接受;反之,如果逻辑混乱,哪怕时间很短,也会让人觉得浪费了时间。

我们都希望自己的思考具有逻辑性,但这并非易事,需要长期的训练。很多朋友因此产生了畏惧心理,想提升,又觉得遥不可及。其实职场发言并不需要我们像对待辩论赛或科研报告那样追求极度严谨的逻辑,只需要我们能够把事情简洁地阐述清楚,这个目标通过训练是可以达成的。不可能人人成为辩论高手,但人人都能通过训练做到把话说清楚。

不过训练方法的选择是有讲究的。在职场中,我们每天都需要进行沟通和发言,频繁地交流需要我们选择一种简单有效的方法，因为简单才容易坚持。如果方法复杂，反而不一定适合瞬息万变的职场。这里，我建议大家尝试使用思维导图来构建发言内容。虽然思维导图并不是新鲜事物，但在职场交流中频繁使用的人并不多。我希望大家能够更加重视并运用它。

方法1：会说三角思维导图法

假设你是一名市场营销经理，需要在公司会议上向团队汇报上个季度的市场营销情况，并介绍下个季度的营销策略和目标。建议你在发言之前使用思维导图来梳理整个发言的结构。很多人之前学过思维导图，通常能整理出类似于下图的内容。

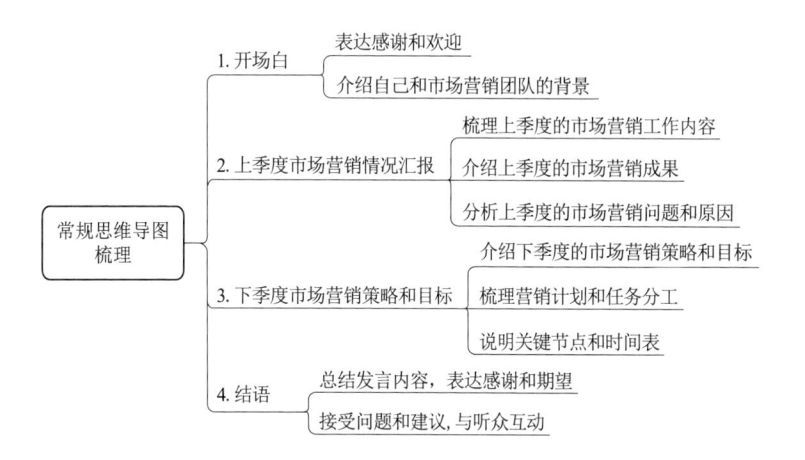

```
                    ┌─ 1.开场白 ─┬─ 表达感谢和欢迎
                    │            └─ 介绍自己和市场营销团队的背景
                    │
                    │                           ┌─ 梳理上季度的市场营销工作内容
                    ├─ 2.上季度市场营销情况汇报 ─┼─ 介绍上季度的市场营销成果
常规思维导图 ───────┤                           └─ 分析上季度的市场营销问题和原因
   梳理             │
                    │                           ┌─ 介绍下季度的市场营销策略和目标
                    ├─ 3.下季度市场营销策略和目标 ┼─ 梳理营销计划和任务分工
                    │                           └─ 说明关键节点和时间表
                    │
                    └─ 4.结语 ───┬─ 总结发言内容，表达感谢和期望
                                 └─ 接受问题和建议，与听众互动
```

新手可能感觉这个思维导图还不错，但细究起来，这种思维导图更像是一种"样子货"，仅仅是按流程办事，机械地罗列要点，并没有找到真正的问题，没有做到有的放矢。思维

导图的价值不在于样子，而在于内容。提升发言思维导图质量的一个方法是引入会说三角，把思维导图和会说三角结合起来，思维导图上的每个节点都针对会说三角中的某一要素，才能更好地改进思维导图内容，让思维导图中的每个节点目的更明确，功能性更强。如此，才能最大程度发挥思维导图的作用，让发言真正实现清晰简洁，有的放矢。

第一步：整理会说三角

思维导图上第一个大的节点是利益三角。利益三角下是它的三个要素，分别是他人利益、解决问题和言行一致。

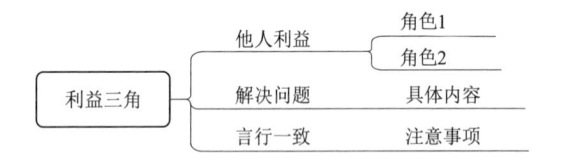

```
                 ┌─ 他人利益 ─┬─ 角色1
                 │           └─ 角色2
    利益三角 ────┼─ 解决问题 ─── 具体内容
                 │
                 └─ 言行一致 ─── 注意事项
```

这里需要注意一点，分析他人利益时，需要分角色进行书写，大家的利益点是不同的，不能混为一谈。分得越清晰，对听众把握得就越准确。

本案例中，结合利益三角，可确定此次发言面向的两个人群：主管领导和需要协作的人力资源团队。因此，在思维导图中要清晰地分别列出来，并写清楚此次发言中要关注的利益点有哪些。在此次发言中，需要回答两个问题以解答主管领导的疑惑，并且要对之前曾帮助团队招聘的人力资源团队致谢以提高其声誉。在解决问题板块中，要写清楚自己通过发言要解决的问题。此次有两个问题需要解决：一个是得到上级允许，开启第一个直播间的试验。第二个是得到人力资源团队的招聘支持，让初始团队在 8 月 15 日之前到位。言行一致方面，此次发言没有特别涉及，可以不书写对应内容。思考后，得到以下思维导图。

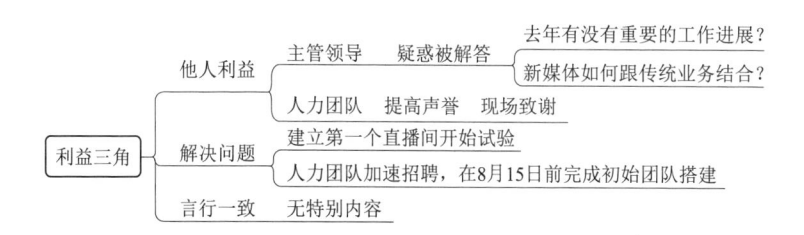

```
                     主管领导    疑惑被解答   去年有没有重要的工作进展？
          他人利益                            新媒体如何跟传统业务结合？
                     人力团队   提高声誉   现场致谢
利益三角  解决问题   建立第一个直播间开始试验
                    人力团队加速招聘，在8月15日前完成初始团队搭建
          言行一致   无特别内容
```

接下来，梳理内容三角方面的要点。内容三角方面需要理清如何吸引抬头、赢得点头和得到行动。在第二级中，标注清楚吸引抬头、赢得点头和得到行动三个关键词。在第三级中具体说明实施方法，详细方法可以参考内容三角一章的内容。

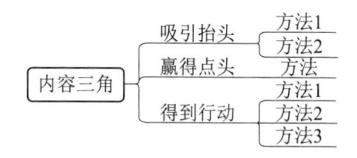

```
                     吸引抬头   方法1
                                方法2
内容三角   赢得点头   方法
                                方法1
           得到行动   方法2
                     方法3
```

假定分析后认为，在吸引抬头方面此次会用到三个方法，分别是先讲对别人的价值、先讲结论或结果、变抽象描述为直观展示。赢得点头方面此次会用到三个方法，分别是建立台阶

分阶段说服、符合对方的利益和决策偏好、有坚实的证据。得到行动方面此次会用到一个方法——微小的第一步。然后就可以根据此次发言内容，把具体的操作方法补充进去，整理后，内容三角部分思维导图如下。

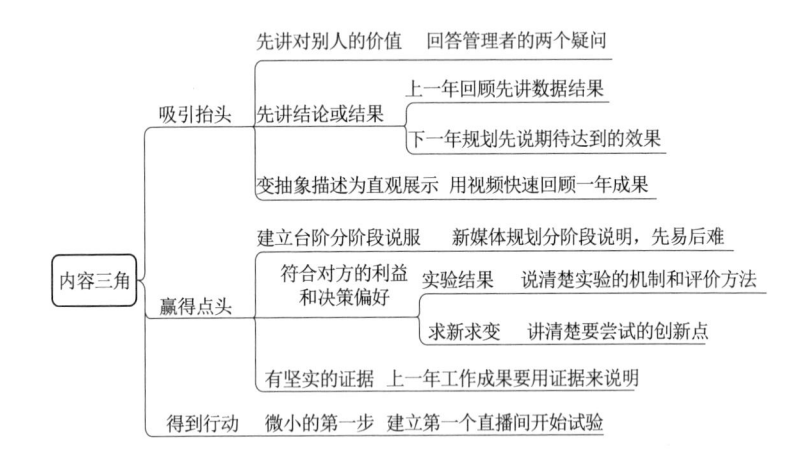

```
                    先讲对别人的价值    回答管理者的两个疑问
            吸引抬头                 上一年回顾先讲数据结果
                    先讲结论或结果
                                    下一年规划先说期待达到的效果
                    变抽象描述为直观展示  用视频快速回顾一年成果
                    建立台阶分阶段说服    新媒体规划分阶段说明，先易后难
内容三角    赢得点头  符合对方的利益   实验结果   说清楚实验的机制和评价方法
                    和决策偏好      求新求变   讲清楚要尝试的创新点
                    有坚实的证据  上一年工作成果要用证据来说明
            得到行动  微小的第一步  建立第一个直播间开始试验
```

再接下来，梳理表达三角的内容。此次大会发言，主要考虑清晰简洁这个要素。清晰简洁主要关注两点：首先，要进行计时发言，特别是要加强时间减半训练。其次，要制作清晰简洁的幻灯片。情绪安全和人际勇气此次涉及不多，整理后，表达三角部分的思维导图如下。

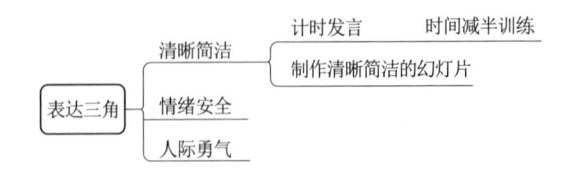

```
                        计时发言    时间减半训练
            清晰简洁
表达三角              制作清晰简洁的幻灯片
            情绪安全
            人际勇气
```

整理后，发言的核心要点已经明确。这个发言并不是机械的，每个节点都服务于会说三角的某一要素。这样的发言更加务实，效果也更好。

第二步：整理发言流程思维导图

首先，建议将发言分为几个板块，进行模块化设计。在这个案例中，发言被分成了五个模块：开场白、上季度市场营销情况汇报、下季度市场营销策略和目标、期待得到的具体支持、致谢。

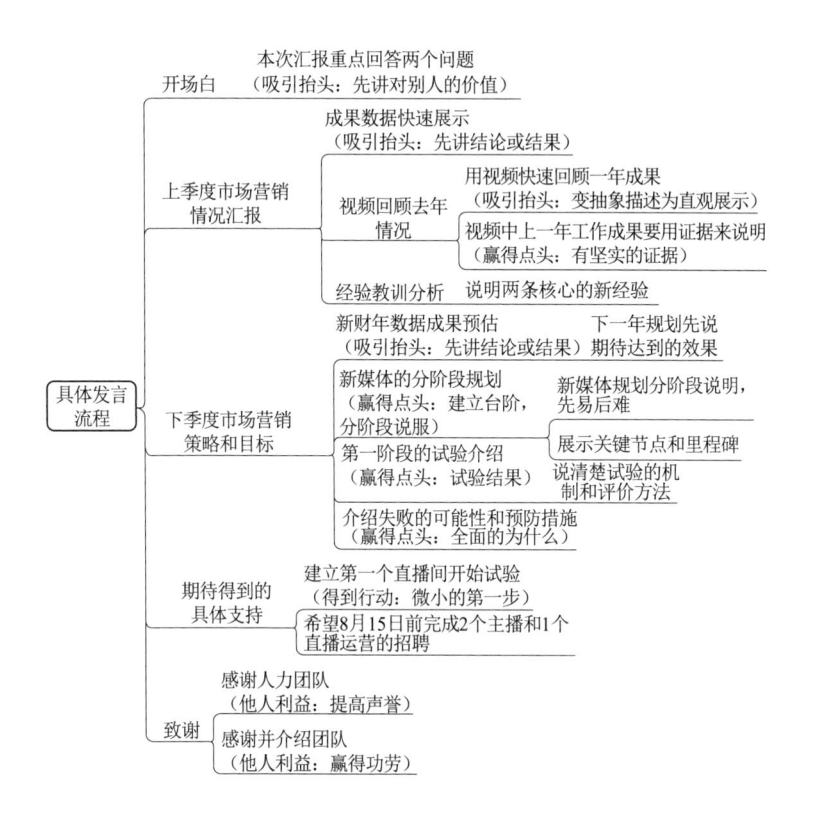

```
具体发言流程
├─ 开场白
│   └─ 本次汇报重点回答两个问题
│      （吸引抬头：先讲对别人的价值）
├─ 上季度市场营销情况汇报
│   ├─ 成果数据快速展示
│   │  （吸引抬头：先讲结论或结果）
│   ├─ 视频回顾去年情况
│   │  ├─ 用视频快速回顾一年成果
│   │  │  （吸引抬头：变抽象描述为直观展示）
│   │  └─ 视频中上一年工作成果要用证据来说明
│   │     （赢得点头：有坚实的证据）
│   └─ 经验教训分析 —— 说明两条核心的新经验
├─ 下季度市场营销策略和目标
│   ├─ 新财年数据成果预估       下一年规划先说
│   │  （吸引抬头：先讲结论或结果）期待达到的效果
│   ├─ 新媒体的分阶段规划       新媒体规划分阶段说明，
│   │  （赢得点头：建立台阶，    先易后难
│   │   分阶段说服）            展示关键节点和里程碑
│   ├─ 第一阶段的试验介绍       说清楚试验的机
│   │  （赢得点头：试验结果）    制和评价方法
│   └─ 介绍失败的可能性和预防措施
│      （赢得点头：全面的为什么）
├─ 期待得到的具体支持
│   ├─ 建立第一个直播间开始试验
│   │  （得到行动：微小的第一步）
│   └─ 希望8月15日前完成2个主播和1个
│      直播运营的招聘
└─ 致谢
    ├─ 感谢人力团队
    │  （他人利益：提高声誉）
    └─ 感谢并介绍团队
       （他人利益：赢得功劳）
```

制作发言流程思维导图时有一个小的操作技巧，那就是思维导图中的某些节点可以分为上下两行，下方一行使用括号，括号内标注清楚此处内容在会说三角中的作用和方法。

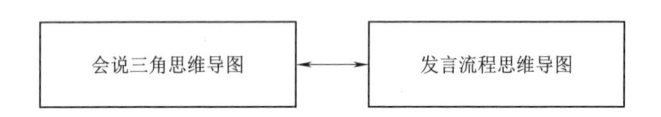

```
会说三角思维导图  ⟷  发言流程思维导图
```

同时，会说三角思维导图和发言流程思维导图之间可以反复多次比对，这样可以经常补充进一些新内容。例如在上面的发言流程思维导图中，经过思考后就补充了"失败预防"方面的内容，这样提供的"为什么"可以更加全面。

这时整理的发言流程清晰简洁，每个部分的作用非常明确，这是后续发言的重要基石。可以对比最开始的那张发言流程思维导图，两者虽然看起来都是思维导图，但实质内容却差别很大。

方法2：利用关键词快速构建思维导图法

在实际工作中，重要的发言可以按照上面介绍的方法进行整理。但是很多时候，我们会被临时叫起来发言，这时该如何应对呢？这时我们就需要学会利用关键词快速构建思维导图。由于是即兴发言，我们可能没有太多的准备时间，所以不需要详细地考虑利益三角、内容三角和表达三角，而需要更换思路，利用关键词快速构建思维导图。

不要急于开始发言，而要在最短的时间内想出几个关键词，然后根据这些关键词来构思我们的发言。比如，假设你是一家公司的财务主管，在内部会议上被其他部门的负责人询问公司财务报表的问题。如果你马上开始回答，可能会导致发言混乱。此时你需要迅速想出几个关键词，如：核心指标、指标意义、未来潜在风险，这样你的头脑中就有了一个微型思维导图，发言也就有了一个初步的指引。

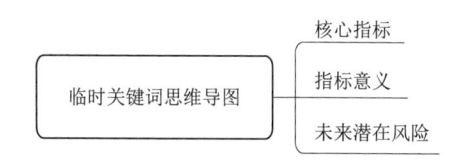

```
临时关键词思维导图 ─┬─ 核心指标
                    ├─ 指标意义
                    └─ 未来潜在风险
```

然后可以就这三点依次进行说明：

1. 报表中哪些核心指标需要重点关注；

2. 这些指标目前的情况意味着什么；

3. 从当前报表中，我们能预测到的未来可能面临的风险有哪些。

严格来说，上面的关键词逻辑性并不足够强，但是作为临时发言，这个逻辑性已经足以应对当时的情况。这里主要需要训练两种能力：一是迅速从不同角度提炼关键词的能力，二是根据关键词做一些展开描述的能力。

接下来我会给出一些情景，希望你能想象一些可能的关键词，以锻炼你提炼关键词的能力。请先用手遮挡住下方表格右侧的关键词，然后试着构想一些可能的关键词。

场景中的问题	回答时用到的关键词
某个团队或个人的表现如何？	职责分工、达成的目标、工作量和工作质量、改进机会
某个产品或项目的表现如何？	市场需求、市场份额、产品或项目特点、改进机会
对某个流程或方案的优化建议是什么？	现状、目标、瓶颈、解决方案、实施步骤
某个问题的根本原因是什么？	问题描述、相关因素、可能的原因、解决方案
某个客户的反馈如何？	客户需求、满意度、不满意原因、解决方案
被问及对策或建议	定义问题、解决方案、实施步骤、潜在风险
被问及项目下一步工作计划	时间节点和里程碑、好坏评价标准、需要的资源和支持

接下来，我们可以开始锻炼展开关键词的能力。在表格的第二列，你会看到针对第一列问题所提炼的关键词。请你尝试以这些关键词为引导，结合你的实际工作经验，进行展开描述。这种训练将有助于提升你即兴发言的能力。在展开描述时有一个特别的要求：尽量让回答显得具体务实，而不都是空泛的描述。尽量多地使用量化数字和具体事项来描述，这样会让回答显得更加专业。

假设你是一个移动应用开发项目的经理，被领导问及下一步的工作计划。你临时想到的关键词是：时间节点和里程碑、好坏评价标准、需要的资源和支持。下面的回答方式供你参考。

谢谢您的问题，我将从时间节点和里程碑、好坏评价标准、需要的资源和支持这三个方面来描述我们下一步的计划。我们正在进行的项目是开发一款新型移动应用，目标是在用户体验和功能性上走在行业前列。

首先，关于时间节点和里程碑。我们预计在未来三个月内完成应用的主体功能开发，预计在45天后完成测试版的发布，这将是我们的第一个重要的里程碑。接下来的30天内，我们会收集并处理用户反馈，进行必要的改进。预计在第90天时，我们会正式发布此应用，这将是我们的第二个重要的里程碑。

其次，我们的好坏评价标准是以用户反馈和应用性能为基础的。我们将使用Beta测试版的用户反馈来评估应用的易用性和功能性，如果反馈中有超过15%的用户报告问题，我们会将此视为需要进一步改进的地方。此外，我们还会观察应用的运行速度和稳定性，如果应用崩溃率超过0.5%，我们也会视此为需要进一步优化的地方。

最后，关于项目需要的资源和支持，我们需要额外的开发人员来进行代码优化和修复可能存在的bug（漏洞），预计需要两位有经验的开发人员。我们也需要对市场进行更深入的研究，以便更好地定位我们的应用，所以我们需要一个熟悉市场的专家来提供支持。另外，我们还希望得到公司在公关和市场推广方面的支持，以确保应用在发布时能得到广泛的关注和良好的市场反馈。

以上就是我们项目下一步的计划，我相信我们的团队有能力按照这个计划顺利推进项目，并实现我们的目标。

在这些场景中，提炼一些关键词可以帮助我们快速组织答案，让回答有重点，且听起来有一定的逻辑。因此，学会迅速提炼关键词，并根据关键词组织语言，是应对临场发言的实用策略。这种策略可以让我们在没有充分准备的情况下，仍然能够清晰有力地回答问题，让听众对我们的回答有信心。

学会制作清晰简洁的幻灯片

在职场中，幻灯片作为发言的有力辅助工具，其重要性不言而喻，使用频率极高。大部分朋友都经历过制作幻灯片的痛苦过程，绞尽脑汁，废寝忘食，就为了完成一份好看好用的幻灯片。

我的职场幻灯片制作历程可大致分为三个阶段：第一阶段痴迷于精美的设计，学习各类排版技巧，精细调整页面每个细节，熬了无数的夜，只为求得一份视觉上的完美。第二阶段痴迷于各种技术，研究各种酷炫动画，同时运用不同的软件、插件和网站，恨不得把幻灯片当成动画片制作。第三阶段返璞归真，回归简洁。我放弃了视觉上的完美，动效上的酷炫，转而专注于内容，用最清晰简洁的方式呈现核心内容，减少一切不必要的设计。虽然前两个阶段积累的技巧对于幻灯片制作有所帮助，但显然，使用这些技巧都是耗时之举，除非在特殊场合必须使用，否则投入产出比实在不高。在职场中，我们的时间极其宝贵，应将其投入到更有价值的工作中。

第三阶段我尽一切可能减少幻灯片对自己工作时间的占用，开始重新审视幻灯片制作，为自己设立了三个标准：

清晰简洁：每个页面几秒内就能看到重点。

节省时间：不做动画，不要复杂的版面设计。

不丑即可：减少页面内容，简单排版就不会难看。

总之，制作幻灯片时，我追求的是极致的性价比，而不是精美酷炫。用一句话总结就是：用最短的时间做出清晰简洁但不难看的幻灯片。

下面介绍一下具体的做法和技巧，帮助各位朋友更高效地制作幻灯片。

制作职场发言幻灯片需要三步。

第一步：做思维导图。

制作幻灯片前，需要先使用思维导图梳理整个发言内容，该环节需要充分结合会说三角的具体内容。

第二步：写摘要。

思维导图每个节点都要写摘要。这个摘要内容可以作为后续发言的指引。

第三步：做幻灯片。

根据摘要内容制作清晰简洁的幻灯片页面。在此环节需要牢记三个原则：清晰简洁、节省时间和不丑即可。

前两个步骤在前文已经阐述过，这里主要展示第三步如何操作。

假设某个幻灯片的摘要内容如下，现在尝试将其转变为幻灯片页面：

业务表现超预期，销售额增长30%，利润增长15%。成本管控和市场营销的努力初见成效。未来计划加强财务管理，以解决现金流出现的问题，还要增加销售渠道，努力保持业务竞争力。

最差的做法是将所有文字放入一个页面，再配一堆图片和修饰符号，最后页面冗杂，没有突出重点。观众面对这样的幻灯片需要认真地长时间阅读，无法在几秒内把握重点。严格来说这不是幻灯片，而是排版稍有不同的段落文档。我平时喜欢称这样的幻灯片为"文档幻灯片"，用以讽刺这样的幻灯片没有重点。

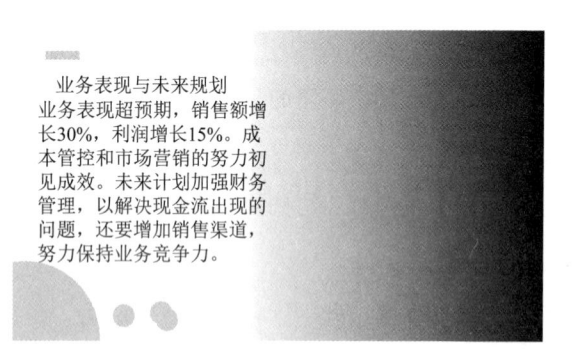

业务表现与未来规划
业务表现超预期，销售额增长30%，利润增长15%。成本管控和市场营销的努力初见成效。未来计划加强财务管理，以解决现金流出现的问题，还要增加销售渠道，努力保持业务竞争力。

这种做法还会增加新问题。由于一个页面中包含太多需要讲解的内容，实际讲解时一个页面可能需要 10 分钟以上。在这 10 分钟内，这个页面静止不动，没有变化，观众会感到迷茫，不知道该看哪里，幻灯片也就没有存在的意义了。

这样的幻灯片即使排版非常用心，耗费了大量精力，做得特别好看，也不是优秀的职场幻灯片，因为它违背了清晰简洁的沟通风格。

那该如何处理呢？

在这个案例中，一页幻灯片包含了三类内容，分别是：

销售额和利润的业务表现；

两个手段初见成效；

未来要加强财务管理和增加销售渠道。

当一个页面包含多个内容时，第一个建议是要把该页内容拆分到多个页面。这个案例中，一个页面包含三类内容，因此可以处理为三个页面。

页面 1	业务表现超预期，销售额增长30%，利润增长15%
页面 2	成本管控和市场营销的努力初见成效
页面 3	未来计划加强财务管理，以解决现金流出现的问题，还要增加销售渠道，努力保持业务竞争力

第二个建议是提炼关键词。将段落变成简短的一句话，将

一句话提炼为关键词。在提炼内容时，通常词优于句子，句子优于段落。这么做有一个额外的好处，那就是，提炼后，一个页面里的文字减少，排版会非常容易。这会大幅缩减在排版上耗费的时间。

页面1	销售额增长30%，利润增长15%
页面2	成本管控，市场营销
页面3	加强财务管理，增加销售渠道

第三个建议是将关键词突出。每一页突出最重要的信息作为重点，通过放大字号、更换颜色、增加色块等方式来突出要点。这样的设计能够有效地吸引观众的注意力，观众可以在一秒之内知道重点是什么。幻灯片信息更加清晰明了，易于理解和记忆。同时，页面上需要出现的非关键词句，可以缩小字号，或者将颜色变淡，减少对关键信息的干扰。

处理后，三个页面如下所示。

页面1：说明业务表现超预期，销售额增长30%，利润增长15%。

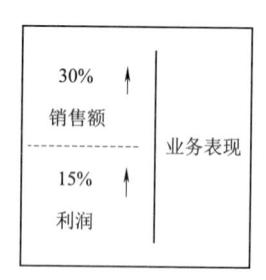

页面2：说明成本管控和市场营销的努力初见成效。

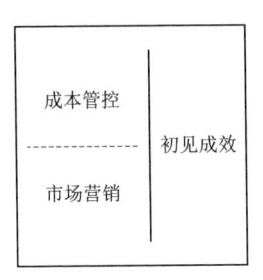

```
┌─────────────────────┐
│                     │
│   成本管控  │        │
│             │初见成效│
│   - - - - - │        │
│   市场营销  │        │
│                     │
└─────────────────────┘
```

页面3：说明未来计划加强财务管理，以解决现金流出现的问题，还要增加销售渠道，努力保持业务竞争力。

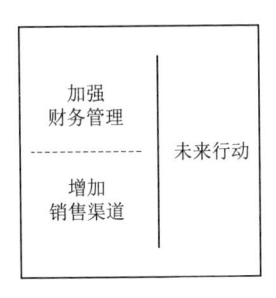

```
┌─────────────────────┐
│                     │
│   加强     │         │
│   财务管理 │         │
│            │未来行动 │
│   - - - -  │         │
│   增加     │         │
│   销售渠道 │         │
│                     │
└─────────────────────┘
```

在讲解时，我们应以干脆利落的方式逐页介绍，让每一页的重点一目了然，并且在转述不同要点时，要轮换不同的幻灯片，确保幻灯片不会长时间静止不动。发言时，我们要确保能和幻灯片内容紧密结合，做到发言的清晰与简洁。因此，如果我们想创建真正清晰简洁的幻灯片，就不能试图将所有内容都塞进同一个页面中。应适当进行内容的拆分和提炼，仅保留关键信息。这样制作的幻灯片简洁明了，使人感到轻松，且不会显得过于难看，完全符合我们之前提到的制作幻灯片的三个标准。

有些朋友可能有疑问，认为这种幻灯片在职场中使用时会遇到很多限制。有时页面上内容确实较多，无法精简，那么这时我们应该怎么做呢？

假设在这个案例中，下面这段话必须在页面中完整保留。

业务表现超预期，销售额增长30%，利润增长15%。成本管控和市场营销的努力初见成效。未来计划加强财务管理，以解决现金流出现的问题，还要增加销售渠道，努力保持业务竞争力。

面对这样的情况，我们可以巧妙地对幻灯片进行分区来解决这个问题，通常可以采用左右分区或上下分区的方式。在此我们采用上下分区的方式来处理这个案例。

上方关键区：按照新要求放置最关键的信息
下方辅助区：放置常规的辅助信息

上方关键区按照我们之前讨论的原则来设计，只放置关键的词语或句子，这些都是经过提炼的重点信息。我们可以使用不同的字体、字号、颜色或色块等来强调这些信息。

下方辅助区可以放置更多内容，以满足特定的需求。例如：

1. 给自己做提示词用：发言时，如果页面内容过少，自己可能会忘词。为了避免这个问题，可以利用下方辅助区的文字给自己做讲解提示。

2. 补充更多证据：在辅助区放入更多照片、文字或者试验结果等，为关键区的内容提供更多支撑。

3. 满足个别领导喜欢看到更多信息的偏好：有些管理者可能喜欢查看内容更丰富的幻灯片，通过在辅助区增加信息可以满足他们的需求。

但在设计时，需要注意以下两点。

第一，辅助区的内容需要进行弱化处理。由于辅助区的内容较多，如果不进行处理，可能会对上方关键区的内容产生干扰。因此，可以将大段文字放在页面的下方，并将字体缩小或将颜色调淡。

第二，利用多个页面讲解同一个复杂内容。如果一个复杂内容需要讲解较长时间，可以将该内容放在页面的下方辅助区中，同时将该页面复制多次。然后每个页面只更改上方关键区的信息，并对下方辅助区中对应区域进行标识。这样即使在讲解同一内容，也能保持页面的变化，并确保每一页都有重点，同时使听众清晰地知道每个页面在介绍该复杂内容的哪一环节。

还是以上面的案例为例，采用上下分区的方式处理后，页面可能会变成以下图片所示的样子，看这些页面时请注意以下四点：上方关键区如何突出关键信息；下方辅助区如何被弱化；辅助区在多个页面中的重复；辅助区对应部分的标记。

第一页：

业务表现超预期，**销售额增长30%，利润增长15%**。成本管控和市场营销的努力初见成效。未来计划加强财务管理，以解决现金流出现的问题，还要增加销售渠道，努力保持业务竞争力。

销售额30% ↑

利润15% ↑

第二页：

业务表现超预期，销售额增长30%，利润增长15%。**成本管控和市场营销的努力初见成效**。未来计划加强财务管理，以解决现金流出现的问题，还要增加销售渠道，努力保持业务竞争力。

成本管控和市场营销初见成效

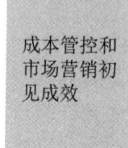

第三页

业务表现超预期，销售额增长30%，利润增长15%。成本管控和市场营销的努力初见成效。**未来计划加强财务管理，以解决现金流出现的问题，还要增加销售渠道，努力保持业务竞争力。**

未来行动：
加强财务管理
增加销售渠道

在职场中，这种幻灯片处理方式也非常适用于数据分析。许多人在制作数据分析页面时，仅仅是将大量的数字罗列出来，对一张数据表格讲解很长时间，但听众往往不清楚重点在哪里。利用上下分区的方法可以快速解决这个难题。制作多个页面，下方放置同一数据表格。每个页面讲解其中一个重点数据。上方关键区写上一句话的数据解读，下方表格中的对应数字进行颜色调整，以帮助听众明确你正在讲解哪个数字。

基于上述案例，将制作清晰简洁的幻灯片的几个实用技巧总结如下。

1. 每页只突出一个关键词或关键句，字号要大，颜色要有变化，以便观众一眼就能看清。

2. 如果需要介绍的一段中有多个重点内容，也应将其分成多页进行展示，每页突出一个重点。

3. 如果某一页需要展示大量内容，要将重点提炼出来，放置在上方的关键区，其余内容弱化并放置在下方的辅助区。

4. 下方辅助区内容可以重复，通过多个页面讲解一个较为复杂的内容。例如，对于一个需要解释三个要点的复杂内容，可以制作三个页面。每个页面的上方关键区放置一个要点，这样，三个页面的上方关键区就可以放置三个要点。三个页面的下方辅助区放置同一段内容，并对本页讲解部分进行一些标记。

5. 不要浪费时间制作幻灯片动画。

6. 幻灯片要配合思维导图和写摘要一起使用。

运用这些技巧制作幻灯片，可以显著缩短排版时间，使内容更清晰明了，使观众更易于理解和记忆。

要熟练运用这些技巧，就需要多加练习。一个有效的练习方法是：取出旧的幻灯片，尝试进行页面修改。找到以前制作的幻灯片，按照本章的方法进行修改，修改20页幻灯片后，你就能比较熟练地掌握本节的内容。

情绪安全

"也许你说的是对的，但我不喜欢你的表达方式。"在对话中，如果对方产生这样的感觉，沟通的结果通常不会太好。沟通不仅仅是讲道理，有时候即使你有很多理由和证据，如果没有考虑到别人的情绪，你的话也可能会被忽视，甚至引起对方的反感。沟通有时就像一艘漂泊在海上的小船，对方的情绪就像那深不可测的大海。当大海平静时，小船平稳前行，可以到达彼岸。但如果大海开始咆哮，海浪翻滚，小船可能会沉没，无论小船多么坚固都无济于事。

出色的沟通者会确保沟通的小船在情绪的汪洋大海中安全前行，时刻关注对方的情绪，确保其处于安全的状态。情绪安全对沟通有着重要的影响。

1. 在沟通时要保证对方的情绪安全，因为当一个人情绪不稳定时，他们的思维和理性判断可能会受到影响，导致他们无法理解或接受你的观点。

2.通过确保对方的情绪安全来消除沟通中对方的攻击和防御心态，否则沟通很容易演变成争吵，最终无法达到预期的目的。

3.当人们感到情绪安全时，他们更愿意分享自己的想法和意见，当他们进入开放的状态时，也更愿意听取他人的意见和建议，这样才能展开富有成效的讨论。

4.当人们感到情绪安全时，他们更愿意冒险尝试新的想法和方法，更愿意承担新的挑战和责任，很多难以沟通的事情此时反而容易达成。

优先处理情绪，使用"红绿灯法则"

沟通不能只围绕任务和事情本身展开，我们需要关注对方的情绪，最好是优先关注对方的情绪。意识到对方情绪不对的时候，要及时采取行动，尊重并维护对方的感受。

人的情绪就是沟通的"红绿灯"。开车上路要遵守交通规则，这样才能安全抵达目的地；沟通时也要遵守情绪规则，这样才能确保沟通顺利进行。情绪就是沟通道路上的红绿灯，当对方情绪处于较差状态时，即红灯出现，此时需要停止沟通具体事项。当对方情绪处于捉摸不定的状态时，即黄灯亮起，要暂缓沟通，进行仔细观察。当情绪的"绿灯"亮起时，才能进行畅快沟通。

与人沟通，要关注情绪状态，坚持做到"红灯停，绿灯行，黄灯请你等一等"。

遇到情绪红灯时，我们需要停止沟通，转而关注以下几个事情。

1. 尝试跟对方进行一对一深度沟通。
2. 及时认可对方的情绪，并表示对方的情绪很重要。
3. 寻找对方情绪出现波动的深层原因。
4. 过程中让对方多表达，减少个人说话时间。

假设你是一家公司的项目经理，需要向团队介绍新的项目计划。介绍计划时，发现一个核心成员情绪不佳，表现出明显的抵触情绪和不耐烦。结合上面提到的四个要点，你需要开展如下行动。

1. 会议结束后，你需要在实施新的项目计划前与这名核心成员展开一对一沟通。这个行动背后的原则就是：先处理情绪，后处理事情。

2. 表示对方的情绪很重要。你可以直接向对方表示个人对其情绪的重视，例如："你是咱们团队的核心骨干，开会时看到你对新项目可能有保留意见。你的想法和意见非常重要。所以今天我想和你单独聊一聊。"这样可以让团队成员感受到你的关心，对方能感受到自己的情绪是被尊重的。

3. 寻找对方情绪出现波动的深层原因。你可以通过问题来逐步了解对方的想法和担忧，例如："你对新项目计划有什么疑虑或者担忧吗？""是有什么事情让你感觉很难受，甚至很委屈吗?""这个项目推进时或许有事情我没有关注到,你可以告诉我吗?"这样可以让团队成员有机会表达自己的想法,认真听取对方的阐述能让我们更好地理解他们的立场。

4.沟通过程中让对方多表达,不要着急说服对方。停止说教,专注聆听。你可以给团队成员充足的时间来表达他们的意见和想法,并且尽可能地不打断他们,更不能在听完几句话之后就开始进行反驳。你可以提出一些问题,让团队成员思考,而不是直接给出自己的意见。例如,你可以询问对方:"你觉得后续如何处理会比较好?"对方开始回答后,不要打断,认真倾听,最好能现场进行记录。倾听是需要诚意的,最好能做到在嘴巴闭上的同时,要么在注视对方,要么在认真记录。

在职场中,每个人的情绪都是不可忽视的,就像行车过程中要重视红绿灯一样。如果我们没有关注对方的情绪,就会"闯红灯",导致沟通事故的发生。因此,我们需要尊重对方的情绪,保障对方的情绪安全,遵循良好的沟通规则,这样才能实现更加有效的沟通,维护良好的人际关系。

做教练式沟通

在日常职场沟通中,我们常常过于强调说服和说教,而忽视了对方的需求和感受。为了更好地实现沟通的目的,我们可以尝试采用教练式沟通。虽然专业教练的要求较高,但在职场中并不需要达到如此高度。只要掌握教练式沟通的一些技巧，就能够产生良好的效果。

教练式沟通是一种基于支持和引导的沟通方式，旨在帮助对方发现自身问题、找到解决问题的方法并最终实现目标。教练式沟通与日常职场发言和沟通有以下明显不同的特点。

1. 强调倾听，而非说教：教练式沟通以对方为中心，我们需要深入理解对方，才能更好地支持其发展。在教练式沟通中，倾听的作用不可忽视。在研究如何说服对方之前，优秀的沟通者先训练自己的倾听能力。对于口才好的朋友来说，这一点反而较难做到。观察很多优秀的辩论赛辩手可以发现，他们很喜欢打断别人的发言，没有耐心听完对方的阐述就着急进行反驳。这是由辩论的性质决定的，在辩论赛中，这或许是打乱对手的好方法，但在职场中，这是沟通的大忌。

2. 以提问为主：教练式沟通主要通过提问来激发对方的思考和探索，以便帮助其解决问题和实现目标。相比于职场中的大段陈述或命令方式，提问能够更好地引导对方自我思考和探索。以前做培训的时候我常说，有时一个好的沟通不是一段话接着一段话，而是一个问题接着另一个问题。提问本身就传递出一种信息：对方的观点很重要。处理他人的情绪问题时，做一个"问者"，有时要比做"答人"更有效。

3. 避免给出答案：教练式沟通强调帮助对方自我发现和解决问题，而不是直接给出答案或解决方案。这样做有两点好处。首先，引导对方给出答案可以促进对方的自我发展，提升对方的个人能力。假定你是一个管理者，这样的沟通方式往往能带出更强大的团队。通过提问引导团队思考，当团队给出的答案越来越优秀时，团队就在变强，管理者自身的决策压力也会变小。其次，引导对方给出答案能减少说服成本。如果答案是对方给出的，他们就更容易接受，不需要被说服，主动执行的概率会增加。假定你是一名员工，面对管理者，未必要自己给出答案，然后费力去说服领导，反而可以通过求助式的提问，让对方给出答案，这样，在后续工作中管理者更容易支持相关工作。一些聪明的员工往往会用这样的方式来做强势领导的向上管理。

4. 在需要时提供帮助和反馈：在教练式沟通中，教练并不直接插手对方的事务，只有在对方需要时，才提供力所能及的帮助，并给予建设性的反馈。这种方式可以帮助对方更好地实现目标，完成自我成长。这就是所谓的"帮人要在需要时"。很多热心的朋友常会遇到一个困惑，那就是自己主动帮了这么多，为什么对方不领情。原因就在于没有关注帮助的时机。在别人需要时，帮助就是雪中送炭。在别人不需要时，帮助可能就变成了乱插手。

理解了教练式沟通的一些基本原则后，我们在实际工作中可以尝试着重通过下面两种方法训练自己的沟通能力。

方法1：积极倾听，改善对方情绪

演讲往往更加注重训练一个人的演说能力，但在职场中，一个优秀的沟通者需要关注的不仅仅是说话的技巧，还需要注重个人的倾听技能。如果希望确保对方的情绪安全，积极倾听是极其重要的。

要做好积极倾听，需要关注四个要点：要做到身心都在场，而不只是身体在现场；表现出对情绪的理解和尊重；表现出对观点的理解；引导对方多表达。

接下来，我们将针对这四点逐一进行阐述。

第一点：要做到身心都在场，而不只是身体在现场

有效倾听的关键要素之一是全神贯注地关注说话者。很多人在倾听时，总是身在其处但心不在焉，这是令人沮丧的行为。有以下四个要点需要注意。

注意眼神：你的眼神要认真地注视对方，而不是东张西望。眼睛所在的地方也是心之所在。恋人之间可以眉目传情，沟通时，可以通过眼神传递在意，这正是倾听的必要因素。

减少干扰：为重要的对话寻找安静的空间，同时将手机静音，交谈过程中最好不要翻看手机。每次翻看手机都是对沟通的一次干扰。在这个信息爆炸的社会里，不看手机就是一种尊重，表明对方在此刻是最重要的。

不要多任务同时进行：不要同时处理其他事情，这会让对方很反感。真正的倾听强调此刻只有一件事，就是听你说。如果同时翻着杂志，偶尔抬头看看对方，这样的倾听传达的是漠视。

记笔记：必要时，拿出笔记本，边听边做笔记，这会传递

出强烈的身心在场的信号。虽然很多人喜欢用电脑记笔记，但是摆弄电脑容易造成误解，纸笔是沟通时更好的工具。

第二点：表现出对情绪的理解和尊重

当对方在沟通中有情绪波动时，首先要表现出自己尊重并理解对方的情绪，不要着急分析或对抗这些情绪，而要真实地表达出你理解他们的感受，并通过真诚的沟通让他们深深感受到你的理解。在"分析、反驳、解释、解决、尊重"五个关键词中，一开始只着眼于尊重这一个词。直白来说，尊重对方情绪就是通过沟通让对方知道你并不认为他是无理取闹，承认他的情绪是合理的。

实践同理心：努力理解说话者的观点和感受，尝试换位思考，从他们的角度来看待问题。这样做可以帮助建立信任和谐的关系。常见的表达方式是"如果换成我，我也会……"。例如，在工作场合，如果你的同事表现出他们对新项目的忧虑，你可以说："如果我站在你的位置，我也会对这个新项目有些不安。特别理解你的担忧。你能讲讲你具体担忧哪些事吗？"

表示感激：他人在你面前表现出情绪，显示了他们对你的信任。对这种信任，你应表达感激，这可以帮助建立积极的关系。例如，当你的下属在你面前表达他对工作的不满时，你可以说："我感谢你向我表达了你的感受，你能和我讲这些，说明你信任我，这份信任很珍贵。你对咱们团队很重要，你的感受也很重要。能不能再给我讲讲具体是哪些事情让你有这种感受？"

多用"是的，而且"：当对方情绪糟糕时，如果自己要发言，就要遵循"是的，而且……"的说话方法。这是一种即兴喜剧中常用的技巧，国外称之为"Yes, and……"。其中，"是的"代表认可对方所说的内容，"而且"代表自己要顺着对方的观点进行补充。注意不要使用"但是"，因为一旦出现"但是"，前面的承认与理解就会被抵消。例如，如果你的同事说他们对新项目的进度感到焦虑，你可以说："是的，目前看进度上确实有些风险，而且除了提到的工期问题，还有成本上的压力。这个问题确实应该重视了。"

对话后跟进：对话或会议结束后，要跟进与对方情绪相关的事项，尝试做出一些努力，并告知对方。后续的跟进会让对方感受到自己的情绪得到了足够的尊重。例如，如果新员工对工作压力表达了担忧，除了可以在现场表达对他们的理解，还可以在对话后做一些努力，可以找领导沟通工作分配的问题，或者寻求一些有价值的培训，并将这些努力告诉对方，同时告知他们自己很在意他们的感受。行为和话语配合起来，更能传达出重视和在意。哪怕最后事情没有完全得到解决，对方的情绪也会缓和很多。

第三点：表现出对观点的理解

情绪的背后是观点，尊重情绪的升级版是真正理解对方的观点。在尊重他人情绪的前提下，尝试理解他人的观点可以帮助我们实现更深层次的理解。此阶段的关键是让他们确信你真正理解了他们的看法，而不是立即展开反驳或讨论。

总结和概括对方的观点：为了确保你正确理解了他人的观点，可以重述他们的话语，并总结要点，也就是简明扼要地用自己的话复述对方的观点，这是一种确认自己真正理解对方观点的好方法，也能表明你对他们所表达的观点感兴趣。例如，当你的合作伙伴在讨论关于新项目的策略时，你可以说："我明白，你认为我们应该先集中精力完成当前的任务，然后再考虑扩展新市场，我的理解正确吗？"

不解之处寻求解释：如果你对某些内容存在疑问，可以请他们解释他们的观点，对你的不解之处进一步说明。这不仅有助于避免误解，也让他们感受到你在认真倾听。比如，当你的团队成员提出一个新的项目想法时，对于你不明白的地方，你可以说："你提出了一个很有价值的观点，我觉得非常值得深入讨论一下，我对其中一部分有些困惑，可能是我刚才逻辑没有梳理清楚。你能否解释一下这个方案如何帮助我们减少运营成本？具体如何核算？"

寻求下一步行动反馈：向他们询问，基于你对他们观点的理解，接下来的行动步骤是否合理，这样可以让他们知道你是否真的理解了所讨论的内容。例如，你可以询问你的上司："按照我的理解，你希望我优先处理客户的退货请求，然后再处理新订单，是这样吗？"

展示对言外之意的理解：有时，未说出的话和说出的话一样重要。注意说话者的语调、语气和用词，更好地理解他们想要传达的信息。把对方可能想表达但未说出的事情表达出来，并询问你的理解是否正确。例如，你的同事在谈论他的近期工作任务时，言语上并没有透露出明显的情绪，但是对方的面部表情似乎很紧张，甚至有些不开心。你可以询问："我注意到你的状态，最近的任务是不是压力过大了？是不是有些事情需要其他人帮忙分担一下？你可以和我说说吗？我看看有没有什么可以帮到你的。"

第四点：引导对方多表达

积极倾听的前提是对方有机会，并且愿意表达自己的想法，而且能够长时间持续且深入地进行表达。如果对方没有这样的机会，积极倾听就不会真正奏效。我们需要采取一些积极的做法，引导对方更多地表达。

保持耐心：有的人可能需要较长的时间来阐述他们的想法或观点。我们要有耐心，给他们充足的时间进行表达。情绪就像大坝里的水，越积越多，如果不及时开闸泄洪，可能就会冲毁堤坝。能把话说完本身就是一种抒发。有耐心让对方说完，就是帮助对方做情绪泄洪。有时情绪释放了，问题就已经不需要解决了。很多情绪爆发的根本原因是情绪从来没有机会释放。例如，在一个团队会议中，当一位比较内向的成员试图分享他的想法时，我们要有耐心听他把话说完，即使他可能需要更多的时间，一次充分的表达可能就会让这个内向的同事与团队走得更近。

提开放式问题：封闭式问题和开放式问题在沟通中起着不

同的作用。理解这两种问题的不同，以及在何时使用它们，是有效沟通的关键。封闭式问题是那些通常只需要回答"是"或"否"的问题，或者其答案具有明确限制的问题。例如："你今天完成那个报告了吗？""你更喜欢红色还是蓝色？"这类问题的目的往往是获取具体的事实或决定，它们有助于澄清事实或获取即时信息。然而，封闭式问题往往不鼓励深入的思考或详细的回答。由于回答者通常只需要简短的回答，所以这类问题不太可能引发更深刻、更丰富的对话。与此相反，开放式问题则可以引发更深入的思考和更详细的回答。这些问题通常以"怎么样""为什么""在哪些情况下"等短语开头，例如："你为什么选择这个职业？"开放式问题鼓励回答者分享他们的思考、感受和观点，这可以推动对话向更深的层次发展。提开放式问题可以鼓励说话者分享更多信息，并解释他们的意思，这将帮助你更深入地理解他们的观点和需求。如果用考试题型做类比，在提问时，应该让对方多做作文题，而不是单选题。

多做正向激励：与批评相比，赞扬更容易被大多数人接受。在对方表达时，要积极进行反馈，表达自己的认可和赞许。通过身体语言（如微笑、点头）和话语（如"嗯嗯""我明白了"）来表示你在倾听，这会使对方感到被重视，更愿意继续表达。在对方阐述完一个观点后，明确告诉对方你欣赏他们的观点，比如说："这是个好主意，我很喜欢。""我很赞同你的看法。""这对我很有帮助，谢谢你。"或者"你提出了一个重要的问题,我很高兴你把它提出来。"赞扬之后,还可以通过追问进一步引导对方表达,比如说:"你刚才提出的成本控制和提升效率并不矛盾的观点很新颖,对我特别有启发,你能再介绍一下可能的做法吗?"

避免打断:不打断别人说话是一种修养。频发打断对方说话会降低对方的表达欲,对方会觉得你不是可聊之人。想引导对方多表达,就要允许别人完整地表达自己的观点。如果某些地方确实有疑惑,可以在对方发言时做笔记,记录你希望进一步讨论的点,等对方说完之后,根据笔记提问或提出你的观点。

因此,亲爱的朋友们,我们应该重新理解沟通和传统口才之间的区别。优质的沟通不是从自我表达的角度出发,而是首先关注对方,理解对方的想法和需求。它的起点并不是我们急于说服他人接受我们的观点,而是耐心、深入地倾听对方的声音。最重要的不是快速找到问题的解决办法,或急于安慰对方,而是努力理解对方的情绪和观点。记住,真正的理解来自真诚的倾听,真诚的倾听来自对对方的真正关注。

如果做一个总结,那么这几句话很重要:好的沟通从关注对方开始,而不是从表达自己开始,从倾听开始,而不是从说服开始,从理解对方开始,而不是从劝解开始。

方法2:引导式提问,探索更多可能

引导式提问是一种构建在问题之上的沟通技巧,它通过

提出开放式问题来引导对方自我探索和深度思考，从而唤醒他们解决问题的潜能。引导式提问不仅能让对方更深入地了解自己和现实，还能帮助对方打开思路，从而更容易找到答案。

做引导式提问时要注意以下几点。

提开放式问题：尽可能使用开放式问题。相较于封闭式问题，开放式问题具有更强的启发性，能鼓励对话者更深入地思考。

促进觉察：使用不同层次的开放式问题帮助对方做更好的觉察。在思考之前先做觉察，这样才能让对方更好地了解周围的环境、事情的来龙去脉，同时也能更好地加深对自己的了解。

探索可能性：使用不同角度的开放式问题帮助对方探索更多可能性，更全面地分析问题，从而尽快找到答案。

内在动力：你的目标应是尽可能激发对方的内在动力，引导他们自我启发，自我改变。

假设你是一位人力资源经理，需要帮助一个员工改善工作表现。使用引导式提问的方法，你可以引导员工自我探索，并完成深度思考，让他更好地理解自己的表现，并逐步建立求变的内在动力。

你：如果让你评价自己过去一年的工作，你觉得你的表现如何？（促进自我觉察）

员工：我觉得我还算过得去，但我知道还有待提高的地方。

如果一上来就直接告诉员工他的工作表现不佳，可能会造成紧张气氛，不利于后续的交谈。

你：你愿意分享一下哪些地方你觉得做得不错，哪些地方你觉得可以进一步提升吗？（深化自我觉察）

员工：我能够完成日常的工作，交付的工作也能够达到要求，这个我很满意。但是确实有些地方创新不足，这个我也很苦恼。另外就是当事情多起来时，会不知道如何协调，工作效率会下降。

你：除此之外，你还有别的地方觉得自己做得好，或者需要改进的吗？（加深自我觉察）

员工：可能自己有点害怕尝试新事物，走不出舒适区。

通过提问，你可以引导员工进行更深的自我觉察，逐步将外部的改变压力转化为他内心的动力。

你：那你认为导致这些问题的原因可能是什么？（加深自我觉察）

员工：我在现在的岗位上做了很久，做的都是传统的业务，很久没有接触新事物，新想法可能越来越少了。另外自己制订计划的能力可能不太强,在工作中容易受到其他因素的干扰。

从问题到原因,通过提问逐步引导员工做更深入的觉察。

你:那你认为应该如何解决这个问题?(探索可能性)

员工:老实说,我自己也没什么头绪,可能需要参加一些培训,或者尝试一些新的事情?

接下来,可以尝试帮助对方打开思路,探索更多可能性,进一步激发对方的潜力。

你:那你觉得还有其他的方法可以帮助你解决这个问题吗?(探索可能性)

员工:可能尝试一下轮岗,尝试一些新的事物,或者找一些高手带我一段时间会比较好。

在员工有需要时,告知对方自己可以提供帮助,和对方一起去探索更多可能性,这样自己就不是站在监督者的视角进行沟通,而是一个合作者。

你:在制订个人提升计划方面,需要我的帮助吗?我可以帮助你一起探索计划或寻找轮岗机会和培训资源。

（合作探索可能性）

员工：我看到的事情毕竟不全面，您可以帮我一起想想，另外有些轮岗的机会和培训资源我自己搞不定，可能也需要帮忙。

当对话发展到这一步，双方都能平心静气地探讨改变，这是进步的起点。上面展示的毕竟是一个模拟案例，现实中的沟通要比这复杂，也可能要进行多轮，如果对方心理防御没有卸下，就无法通过一次对话就达到这样的效果。这样的沟通可能看起来不够直接，甚至显得烦琐，但其最大的价值在于，最终的改进方案是员工认同的，他会有更强烈的内在动力去执行。这与命令、告知式的沟通方式相比，更能激发员工的内在动力。

此外，引导式提问不仅能帮助员工提高问题解决能力，还能带来额外的好处。如果你是一名管理者，采用这种沟通方式，你的团队将会变得更强大，团队成员的主动性会更强。引导式提问可以激发员工的自我发现和解决问题的能力，从而帮助员工在工作中做出更好的决策和判断，让员工养成主动思考的习惯。此外，引导式提问还可以帮助管理者减轻工作负担，因为员工可以更独立地完成任务和解决问题，管理者可以把更多的精力用于战略和规划方面的工作。很多强势的管理者虽然短期也能高效解决问题，但长期来看员工的依赖性会越来越强，最后造成"管理者不动团队就不动，管理者不想团队就没人想"的局面，管理者的工作越做越累。

拿出超越期待的诚意

有时处理情绪靠的不是技巧，而是超越期待的诚意。需要注意的是这里的诚意必须用行动来表示。如果常规的处理方式可以达到 5 分的水平，那么有诚意的行动必须做到 10 分。超越常规处理才能体现诚意，超出得越多，体现的诚意越大。

我带的公司曾经和其他公司产生了一些小摩擦，摩擦是我们公司的疏忽造成的，对方要求的处理方案极其苛刻，很难满足。后来的解决方案就是我们主动登门道歉。如果犯了错误，道歉一次是常规行动。我们选择连续做了三次，三次主动登门道歉，而且真的是诚恳地道歉。事情本来就不大，主要是对方因为这件事被自己的领导狠狠地训斥了，一下子气消不下来。连续道歉三次后，对方气消了，事情就解决了。其实对方并非要坚持自己的处理方式，而是需要你真诚的态度。

不要被对方的情绪牵着走

在沟通中，我们常常面临一个棘手的情况：一旦对方情绪失控，我们也很快跟着情绪失控。在这种情况下，我们的情绪完全被对方牵着走。有时，我开玩笑说有的人并不是真正的情绪独立之人，因为他们的情绪按钮仿佛装在别人身上，别人一按，他们就开始发火。这样，他们很容易失去情绪的控制权，让沟通变得困难重重。

然而，情绪独立并不是一种与生俱来的特质，而是需要我们不断锻炼和培养的能力。在职场沟通中，情绪的自我控制显得尤为重要。通过有效的方法和技巧，我们可以更好地应对他人情绪的冲击，保持冷静，不被情绪所左右。

在某公司，小李在团队中是一位技术能力非常强的员工，但性格较为敏感，情绪起伏较大，经常因为一些小事而暴躁发火。面对这个情绪暴躁的核心技术人员，团队管理者也是左右为难。前两任管理者都和其有过激烈的冲突，开会现场，小李率先发难，管理者一时感觉下不来台，便开始反击，双方越说越难听，最后闹得不可收拾。但由于小李目前完全不可替代，两任管理者都自行申请调离去其他岗位了。后来，管理者张总解决了这个问题。张总有一个奇怪的能力：无论小李多暴躁，他都不发火。面对小李的情绪爆发，他用平和而坚定的语气回应他，不与其争吵，也不对其情绪做出任何评论，而是聚焦于问题本身。此时张总能继续以客观的态度，简明扼要地解释他的建议和需求，强调团队的共同目标和利益。他还耐心地倾听小李的观点，理解他的感受，试图平复对方的情绪。在张总的冷静和理性引导下，小李逐渐平复了情绪，开始冷静地表达自己的看法。随着双方逐渐走出情绪的旋涡，对话变得更加有建设性。

发火只是对方在用激烈的方式表明态度，我们需要回应的是事情本身，而不是态度。当我们能够重新理解别人发火这件事时，我们反而能以更轻松的心态面对发火，此时情绪的按钮就悄然间回到了我们自己身上。

重视非言语信息

沟通，是人与人之间交流思想、感情和信息的桥梁，我们的语气、表情、动作等，都可以传达出情感和态度。如果在沟通中忽略这些信息，或者表现不当，就很容易引起误会和不必要的冲突。

许多人在探究沟通的奥秘时，更多地是关注听与说这两个方面，这在本质上是依赖于耳朵和嘴巴。然而，真正的沟通艺术远不止于此。我们还需要活跃地运用我们的眼睛，因为眼睛能捕获丰富的非言语信息，这些信息反映出沟通的真实意图。实际上，人们更倾向于信任眼睛而非嘴巴所传达的信息，因为非言语信息能更准确地揭示出我们的态度和情感。例如，在商务谈判中，当谈判者口头上表示愿意达成某项协议，但眼神中流露出犹豫和不安时，人们往往会更相信他的眼神，而不是他的语言。

首先，我们必须对自己的非言语信息进行调整和控制。非言语信息导致沟通失败的案例并不少见。想象一下，你正在向你的领导汇报一个重要项目的进度，但你的领导却一边听你汇报，一边不停地在手机上滑动。虽然他嘴上回应你，声称他在听你的汇报，非常重视你的思路，但他的非言语行为——分心看手机，无疑传递了他对你的汇报并不重视的信息。这样的行为，会导致你失去进一步沟通的积极性，甚至影响到你的工作热情。将心比心，己所不欲，勿施于人。在沟通中，你不喜欢你的管理者这样对你，也最好不要用这样的方式与别人沟通。

控制自己的非言语信息主要是指控制自己的眼神、表情、姿态和行为。最好不要提供负面信息。但这里最难的是很多人并不知道自己有这方面的问题，总是习惯性地给出很多负面信号。我在工作中就遇到过一位同事，他听人讲话时总是皱着眉头听，听得越认真，眉头皱得越紧，几次开会都使发言人误认为他有反对意见，搞得现场极为尴尬。后来，我实在不希望他以后因为这个小习惯惹出更多误会，就专门跟他沟通，提醒他最好改掉这个小习惯。他从来没有意识到自己有这个问题，更没想到会引出这么多误会。做者或许无意，但看者可能有心。一定要注意自己有没有这种发出负面信号的小习惯。一些常见的负面信号请特别关注一下，例如：

眉头紧锁：皱着眉头会让人感觉你不信任对方或对话题持怀疑态度。如果有皱眉头的习惯，一定要改一改。

面无表情：没有面部表情或者面部表情僵硬，会让人感到你冷漠或者不友好。听人讲话要偶尔微笑一下，或者点头表示认可。一开始可能不习惯，多做几次就会有改善。微笑多了，自己的心情都会变好。

频繁看表：频繁看表传递出你想马上结束对话的信号。会让别人感觉你已经不耐烦了。

一直低头：一直低头会让人误会你在干其他事情，或者对别人的发言不感兴趣。别人发言时，哪怕自己真的在低头记笔记，也要频繁抬头注视发言人。

交叉手臂：给人一种防御和不友好的感觉。

过于后仰：有些人坐椅子习惯不好，身体总是极力后仰。这种坐姿显得自大，也不利于沟通。

最好不要过于相信自己的判断，可以找身边知心的朋友问问自己有没有上述问题。旁观者清，如果有好朋友提醒自己，要心存感恩，这些人是真的对你好，愿意帮助你改掉这些看似微不足道实则影响巨大的毛病。

其次，要关注对方的非言语信息，特别是对方情绪非常不好的信号，例如对方翻白眼、摇头叹气、撇嘴、窃窃私语、忙其他事情等。看到他人表现出这些负面信号时，要注意两点。

1.这些非言语信息能帮助我们意识到沟通遇到了问题，需要及时停下来，处理对方的情绪，而不是继续讨论手头的工作。有时面对负面情况最好的做法是立刻停止对话，对于很多大大咧咧的人来说，这一点要尤为注意。有些朋友对这些方面不敏感，跟领导汇报工作时，领导已经在反复看表，嘴里只说"嗯，嗯，嗯"，自己却依然意识不到领导有别的事情要处理，还在啰啰唆唆介绍自己的想法，这个时候沟通的最佳策略就是停止对话。

2. 不要仓促下结论。这些我们通常认为的负面信号不是百分之百的科学结论，要意识到有的人只是下意识这样做，可能并无恶意，这会减少很多误会的发生。不能太敏感，以前有部美剧专门讲如何识别人的微表情，以判断一个人是否在撒谎。有些人看得上瘾，奉为圭臬，把电视剧里神化了的招数套用到现实中，这样做反而容易增加焦虑感，疑神疑鬼。别人嘴角上扬一下，你就觉得对方一定是瞧不起自己。这样你和别人沟通时就变成了神经质，自讨苦吃。

所以当以上信号出现时，自己最好谨慎解读，不要仓促下结论，或者有过激的反应，因为这些信息并不总是准确地反映他们的内心感受。我们在遇到这些信号时，可以尝试主动询问对方的想法和感受，而不是自己胡乱猜测。例如，有一次我在培训会议上看到团队同事一直打哈欠，我感到有点烦躁，认为他对会议不够重视，现场训斥了他。但是后来询问时，发现他前一天晚上加班处理一个重要的系统错误，直到深夜才回家。虽然他感到很疲劳，但他仍然早早起床赶到会议现场，以确保能够接受培训。这个时候我真是后悔莫及。希望你看到别人眉头紧锁时，能够冷静下来，主动询问，而不是仓促下结论，不要让这样的错误在你身上重演。

对于很多心思缜密、情绪敏感的人来说，这一点要尤为注意。大大咧咧的人要学习关注负面信号，心思缜密的人反而要学习不受负面信号影响，不仓促下结论。同一件事，两类人的学习策略有差异。

人际勇气

表达三角的第三个顶点是人际勇气。有些朋友认为自己口才不好，问题在于自己不会说话，但可能真正的症结并不是"不会"，而是"不敢"。很多时候，我们真正缺乏的不是技巧，而是沟通的勇气。

人际勇气意味着我们能够勇敢地直面挑战，以优雅而果断的方式应对冲突和困境，无论对方是谁，都敢于沟通。现代社会中，人际勇气对于职业成功越来越重要，机会不光是留给有准备的人，更是留给真正勇敢的人。在与上级的对话中，我们应勇敢地为自己发声；必要时，可以向同事提出有建设性的意见，甚至是反对意见，而不要避重就轻。在面对不公的情况时，我们更应该挺身而出，仗义执言。在沟通的困难时刻，人际勇气显得更为珍贵。

失去了人际勇气，沟通就不会发生，所有的技巧都灰飞烟灭，毫无用处。失去了人际勇气，一个人在面对困难时，往往会退缩或保持沉默，而不是直面问题或与他人进行积极的沟通。这种行为会导致糟糕的结果，如果本该说出的话无法说出口，那么无论这些话多么有价值，都无法发挥作用或得到回应。

在职场中工作多年，我发现缺乏人际勇气者不在少数。这或许与我们从小接受的教育有关。细心的朋友可能会发现，在我们的教育中"听话"这个词出现的频率特别高，而且"听话"被视为一个孩子应该具有的"优秀品质"。"听话"这个词我一直很不喜欢。我在新东方教过多年英语，我发现很难找到一个英语单词来对应"听话"这个词。在特定语境下，英语中也会夸赞一个孩子，但细究起来都不是"听话"的意思，而且英语中与"听话"类似的表达往往都是负面词汇。"听话"这个词暗示了等级的存在，而且下级需要服从上级。近些年来，这些情况有所改观。如果有时间可以对比一下中国奥运冠军发言风格的变化。很明显，新时代的孩子更有勇气表达自我，而不是唯唯诺诺。他们更有个性，这真的是一个值得高兴的改变。我甚至认为这样的改变比获得更多金牌更值得骄傲。

我们必须承认职场是复杂的。"特别好说话""特别听话"可能并不是好词。有时候，"特别好说话"只能换来别人的得寸进尺，"沉默是金"只能换来更多的流言蜚语，"言听计从"得到的只是无止境的职场PUA（精神控制）。

没有人际勇气，就很难在职场上有好的发展。

建立主动沟通的习惯

人际勇气的第一个关键词是"主动"。遇到问题，不会傻傻地等待别人找自己沟通，而是主动出击，成为对话的发起者。这种行为展现了一个人的自信,并传达了一个信息——自己正积极投入、努力寻找解决问题的方法,而非被动地回避。

主动沟通,不等待,在职场中可以体现在许多方面。

1. 主动请求反馈:作为团队员工,如果工作一段时间,还没有得到指导,这是个人沟通的失误。应该主动与管理者沟通,提出自己的疑惑和需要,寻求他们的指导和帮助。假定你是一个职场新人,刚刚加入团队三个月,你除了埋头苦干,还要主动找老同事咨询,问问他们自己未来业务可以如何进一步提升,哪些工作细节可以改进。既要学会埋头苦干,也要学会开口去问,这样的新人往往成长更快。主动请求反馈本质上就是主动请求帮忙,让别人帮助自己找问题,加快自己的成长。需要他人帮助时,不要等待别人主动伸手,否则自己就是那个"摆谱"的人。

2. 主动建立联系和合作:集体的力量往往会大于个体的力量。善于寻找合作者的人往往能做成更大的事业。要主动找本部门和其他部门的同事进行沟通,探索合作点,建立合作关系。朋友都是由陌生人发展而来的,主动沟通的人往往会拥有更多的朋友。就像那句话说的:一个人可以走得更快,但是一群人才能走得更远。琳达在负责公司的一个新产品开发项目,她很需要其他同事的帮助,但前期一直不好意思开口,很多事情都被耽搁了。后来,琳达终于鼓足勇气,主动联系了销售部门和技术部门,虽然经历了一些周折,但在几次沟通后,最终建立了一个跨部门的协作小组,大大提高了项目的成功率。要合作，自己就要主动，不要觉得开口很难。要提醒自己，开口没什么难的，要是一年一事无成，最后年底升职加薪与自己完全无关，导致自己经济收入每况愈下，那才是真正的难。

3. 主动介绍自己的工作价值：不少朋友在工作中总是自带"羞涩"属性，不好意思展示自己的工作，不好意思发朋友圈，做点好事都藏起来，生怕别人知道，怕别人说自己是在炫耀。凡事都"过犹不及"。过度展示自己的工作不好，显得过于张扬，但是过度内敛同样不好，久而久之，你在团队中容易变成"透明人"，管理者完全看不见你，没有人知道你在做什么，也不清楚你的贡献。遇到一些非常重要的工作成果时，可以尝试发一些朋友圈，偶尔发一些无伤大雅，不要搞得自己心理负担过重，但是也不建议遇事就发，把朋友圈当工作日报就显得有些轻浮了。重要的里程碑时刻也可以主动与管理者分享，发一个简短的汇报信息，与管理者共享喜悦时刻。如果在几次会议上一直没有发言的机会，可以主动申请，在某一次会议上为自己争取一次简短的发言机会。

4. 主动沟通自己的目标和期望：主动与管理者沟通自己的工作目标和未来发展的期望，让管理者更加了解你的发展诉求。很多人只习惯默默地工作，自己明明对未来有倾向，但总是不好意思说，最后很多适合自己的机会出现了，却与自己擦肩而过。机会出现了，管理者并不是不想给你，而是不知道你需要什么，也不知道你喜欢这件事，安排人选时自然不容易考虑到。假设你是一个设计师，未来希望做用户体验设计方面的工作，恰巧用户体验设计的岗位也是现在的管理者负责。不要羞涩，要主动与其沟通，主动提出自己想要从平面设计转向用户体验设计的职业目标。这能使主管意识到，有相关的培训机会和岗位空缺时，可以考虑你作为人选。

5. 主动沟通困难：做事情难免会遇到困难，这时要及时与同事和管理者沟通，告知目前出现的问题、潜在的风险，以及自己想到的处理方案。很多问题如果上级知道了，解决起来会更加容易。有一个IT团队的项目经理，在项目进展中发现了一些可能会导致延误的问题。他立即把问题和可能的解决方案汇报给了上级。结果上级及时调整了资源配置，使得项目最终得以按时完成。有时自己需要耗费几周才能搞定的沟通，可能管理者知情后，一个电话就可以解决。有些朋友会担心，这样做是不是显得自己很无能，这样想有一定的道理，如果遇到一件无关痛痒的小事都要找领导，需要管理者出面解决，这样确实有问题，频繁因小事情、小问题找管理者沟通就是给领导添乱。但是如果遇到大事情、大困难，千万不要逞强，领导对大事情享有知情权，及时汇报是下属的职责。一个人盲目地处理反而容易闯祸。汇报时要向管理者说明以下几点。

问题的严重性以及可能产生的影响。

个人想到的几种解决方案。

需要领导定夺或者帮忙的事情。

沟通清楚以上三点，管理者并不会觉得下属无能，反而会认为其考虑周全，如果员工想的解决方案足够好，反而是加分项。所以遇到大困难时要早沟通，但是要带着方案去。

6. 主动沟通工作进展：不要让自己的工作成为一个黑匣子。不要等到领导问时才主动说，要及时与同事和管理者沟通，告知他们自己的工作进展和成果。即使没有面对面的沟通机会，也可以通过微信等方式进行说明。要主动让其他人了解你的工作进展，不要把所有的沟通压力都留到后面的工作汇报中。

很多人都明白这些道理，却无法迈出第一步。这时，我们应该从思维方式上找原因。不主动的人往往有个思维习惯，那就是在事情发生前会想得特别多，过度担忧，编造出一堆"故事"，然后被自己编造的故事吓倒。比如，找领导沟通其实没那么复杂，大大方方发个消息，询问领导何时有空，领导有时间就沟通，没时间就以后再说。但过度担忧者可能会这样想：领导很忙，根本没时间。而且自己的问题微不足道，与领导沟通就是在浪费领导时间，领导可能会不高兴，要是以后领导都不愿意跟自己说话了该怎么办……想象力这么丰富，不当编剧都可惜了。在职场中，胆小的同事往往都喜欢通过编故事把小事变得极其复杂。真实情况可能是，你找了领导，领导也很开心，他最近正想找你沟通呢。

想拥有人际勇气，就不要乱编"恐怖故事"。人生本来已经不易，何苦还要自己吓自己。这一点非常值得重视。很多人为什么在沟通前会紧张呢？原因往往是他们习惯于编造坏故事，构建负面的情境。例如：如果我讲得不好，团队会怎么看我？领导会怎么看我？作为一个团队的老员工，发言都做不好，以后在团队里哪有脸面见人，大家是不是现场就会在下面窃窃私语，甚至暗地里嘲笑我……诸如此类，越想越害怕，越想越紧张。其实，只要按照利益三角、内容三角和表达三角的要求认真准备，汇报不会出现特别糟糕的情况。如果事情发生了，自己无力回天，我们也可以接受现实，但若被根本不存在的事情吓倒，多少有些不值得。

人生很有趣，很多人害怕的事情从未发生过，都是自己在脑海中想象出来的。这种现象也常常出现在家长对待孩子的过程中。例如，在孩子刚上小学时，如果孩子一次考试没有发挥好，这本来是很正常的事情，但是很多家长会开始编造故事：孩子这次没考好，说明孩子不是学习的料，这样小学成绩会很糟。小学成绩不好，初中就完了。初中不行，可能就上不了高中，只能走职高。职高的学习环境可能没有那么好，孩子就会被同学带坏，变成坏孩子，天天打游戏，不上课……家长越想越紧张，越想越焦躁，亲子关系也莫名其妙地紧张起来。举这个例子是想告诉各位朋友坏事不是多米诺骨牌。一次考不好不代表学习成绩不好。上了普通初中的孩子也能上好高中。脑海中想象的糟糕的事情不是必然发生，每一步都还有改变的机会。要想不编造"恐怖故事"，就要注意一点：千万不要放大坏事的影响。

不要自己吓自己，该主动沟通就主动沟通。但是有些朋友尽管明白了道理却仍然不愿主动沟通，认为沟通过于麻烦，不说话最好，不说话就没有沟通的麻烦。然而，这些朋友可能没有意识到：不沟通本身就是一种"沟通"。说话可以表明一个人的态度，不说话也表明了一个人的态度。当一个机会摆在几个人的面前时，不说话的那个人等于说了"不"，沉默代表不感兴趣。如果你从来不主动沟通，遇到事情一直保持沉默，别人对你的事情完全不知情，那么他们往往会从你的沉默中得到以下一些想法，他们会根据自己的习惯选择其中一个想法来解读你的沉默。

你很高傲，不愿意与大家沟通；
你不希望被打扰；
你认为对方不值得沟通；
你认为对方不重要；
你的工作没有遇到任何问题，一切进展顺利；
你不需要帮助；
你没有特别的诉求，什么都可以接受。

你的不沟通有多种解读方式，此时解读权在对方，很多误会、冲突在这种情况下就会发生。沟通也许会带来麻烦，但是不沟通也会带来困扰。既然如此，不如主动沟通，把沟通权把握在自己手里，消除误解，澄清事实，互通信息。

艰难时选择勇敢

人际勇气的第二个关键词是"勇敢"。"主动"让我们成为对话的发起者,"勇敢"让我们在面对困难时选择毅然前行。一个人的品质不是在顺风顺水的情况下体现出来的,而是在艰难困苦中得以彰显的。问题就在那里,不敢沟通,问题就解决不了。

职场中有很多艰难的沟通场景,有四种勇敢的做法需要关注。

做法1:敢于在必要时愤怒

有时候,愤怒是一种态度。沟通未必永远和和气气,那是理想国的沟通,我们在现实中会遇到很多奇怪的情况,甚至会遇到特别无理之人,在某些情况下表达愤怒是必要的。愤怒传达出对一件事强烈的在意和不满,能将立场确认得更加明确。愤怒就是在表态,而且在一些特殊情况中,只有愤怒才能传递出足够强烈的信号。

例如,发现某团队成员完全置客户利益于不顾,做出了伤害公司和整个团队的事,屡次提醒还是没有收敛。此时,就需要用愤怒来表态,让对方明确感受到你的不满。对于有些人而言,不形成震慑,就完全不起作用。

如果你是一名管理者,团队遭遇了非常不公的待遇,你就不能忍气吞声,做"老好人"。很多时候"老好人"就是最大的坏人,不分是非,只求和气。在必要时替团队出头,敢于愤怒地据理力争，反而会赢得团队的尊重。

必要时表达愤怒没有问题，但有一点需要注意：不能进行人身攻击。不能在愤怒的时候说侮辱对方的话，也最好不要直接给别人下定义。怒火应该表达出对事情的极度不满，而不是对人的攻击。只评论事情，不评论人。可以说："这个事情明明可以在3月5日完成，却拖到4月7日，这是不能容忍的！我们失去了客户的信任！"但最好不要说："你们就是废物！你们有没有脑子？"

另外，不能频繁发火，必要时发火能表明态度，但经常发火，愤怒就无法成为表态的方式。其他人会习以为常，形成心理免疫。偶尔发火才具有真正的威慑力。

做法2：敢于拒绝

你不必接受所有的邀请和请求，也不应该接受所有的邀请和请求。人的时间有限，精力有限，合理分配时间就变得尤为重要。高手从来不均匀发力，有选择的人生才是自己的人生。有求必应就等于把时间和精力的支配权完全交给了别人。在职场中，有时候需要拒绝一些不合理的请求，否则就会有很多无法承受的工作负担。敢于拒绝不合理的要求，可以让你有更多的时间和精力去完成更有价值的任务。

例如，某公司的一位员工由于工作量过大，经常要加班。一天，他接到了一个同事的请求，希望他帮忙处理一些无关紧要的工作，这个同事经常把事情拖到最后，然后求别人帮忙。

这时，要敢于拒绝，我们需要有帮人之心，但不能变成置自己于不顾的老好人。

拒绝请求时需要注意两点。

首先，拒绝时态度不必傲慢。你可以明确表达拒绝，但态度应该谦和有礼。必要时给出拒绝的理由，甚至帮助对方想一些其他解决方法。在大部分情况下，别人是可以理解的。如果因为无法满足一次请求就与你交恶，那失去这种人的友谊并不可惜。

其次，如果你确定无法提供帮助，最好尽早拒绝请求，并提前告知对方。这样别人还有机会去寻求其他人的帮助。如果一直因为面子问题而拖延，不给出明确答复，反而是不负责任的表现。有的人不拒绝别人，还喜欢用话来敷衍，例如"我还在找人，你再等等我"。其实自己根本没有去找，这是不负责任的表现。别人把希望寄托在你身上，最终却发现是空欢喜一场，这个时候反而会引起别人的厌恶，给别人留下特别不靠谱的印象。因此，早拒绝是负责任的做法，不要不好意思。

有时上级领导安排的工作很难拒绝，这时你可以尝试将多个事情融合在一起，作为一个任务来完成。这样既能完成任务，又不至于过度打乱工作计划。

例如，你需要完成一个销售项目，同时上级领导安排你去给团队做业务培训。虽然培训任务非常重要，但是手头的销售项目正处在关键时期。如果全身心投入到培训中，会导致销售业绩下滑。在这种情况下，如果无法拒绝这个培训任务，你可以尝试将培训任务和手头的销售项目结合起来。

一种可行的方法是通过改变培训模式来实现任务融合。将培训模式从讲师个人发言转变为学员集体做任务，从演讲培训转变为任务式学习。可以将培训任务设置为手头的销售项目，并带领学员完成这项任务。这样既可以让团队得到实践的机会，也可以完成销售项目。甚至在后续的实施中，还可以让受训人员参与，这样不仅自己可以得到帮助，受训人员也能在真实业务中得到锻炼。

无论何时，如果你面临多个任务，要么能拒绝其中一些，要么就需要投入脑力，巧妙地将多个任务融合为一个任务。在职场中，任务过载是极其常见的情况，要么拒绝，要么将其融合，否则多线作战很容易拖垮自己。

做法 3：敢于向上管理

想要在职场上获得发展，就不能害怕与上级沟通。越是害怕，越难有机会。大部分人面对上级时想的都是"向上服务"，服务好管理者，把管理者的工作部署落实好。这一点无可厚非，也是下级的职责所在。但是聪明的人在此之外会尝试向上管理。所谓向上管理，并不是说员工要控制管理者，而是在积极理解管理者预期和要求的基础上，通过有效沟通，对管理者产生正面影响，使自己的观点被纳入管理者的决策之中，形成自下而上的影响力。

向上管理的一个重要策略是将个人的小圆圈放在上级的大圆圈里。上级的工作规划和思路是大圆圈，而自己想要做的事情是小圆圈。如果小圈在大圈之外，向上管理的难度就特别大，说服上级的成本也会很高。如果将个人的小圈放在上级的大圈之内，它就成了上级规划的一部分，此时向上管理的难度会小很多。很多人向上管理的能力不佳，本质上是因为不了解领导的目标和规划，看不到领导的大圈，自己沟通的事情总是在圈外。这不仅会导致向上管理的失败，还可能会遭到严厉的批评。

　　假设你是一位市场营销经理，你的上级领导是一位狂热的产品经理，他将大部分精力都投入到产品中，希望带领团队制造出高质量的产品。如果你想推动一个客户关系小组计划，该计划旨在监督营销计划的实施，并与客户建立联系，帮助公司建立更好的销售策略，你就需要与上级领导进行沟通。在沟通时，你不能只关注计划本身的优点，而应该把计划放到领导的大圈之中。例如，你可以建议客户关系小组新增一个职责，即在与客户建立联系后，整理和收集客户的产品建议和使用反馈，这可以帮助团队打造更加优秀的产品。同时，你可以建立一个意见领袖客户团，为其提供服务，由其对产品进行售前体验，帮助团队进行产品把关。如果你将该营销方案与产品升级相结合，那么在与领导沟通时，你的方案就更容易通过。

　　除此之外，在向上管理的过程中，打造半成品沟通机制尤为重要。假如上级给你布置了一个任务，你可以在雏形阶段就与上级沟通，确认方向后再全力奔跑，而不是在任务全部完成后才找上级汇报，否则，极容易造成"折返跑"，很有可能整个方案都做完了，团队已经跑到了终点，但是管理者觉得方案不可行，大家不得不返回起点，推翻重来。这种折返跑最累人，也会影响团队士气。不要认为"全部做完，完美展示"才是最佳的沟通策略，半成品时就要沟通，以免折返跑，这是一种功德。

让我们通过一个案例来理解这个问题。假设你在一家传统企业负责软件设计和开发管理。在许多传统企业，管理者可能并不了解如何管理互联网产品经理和技术团队。在这种情况下，主动向上管理可以大幅度减轻工作压力。有些同事可能倾向于在软件全部完成后再向领导进行汇报，以展示自己的工作能力。但是，如果领导此时提出重大调整建议，团队修改的代价就会很大。为了避免这种情况，你可以运用半成品沟通策略。在软件开发的早期阶段，就制作可点击的高保真原型，使管理者直观地了解软件的最终形态。此时，管理者可以提出各种修改意见，团队只需要修订高保真原型即可，修改成本很低，达成一致后，火力全开，快速完成。这种沟通策略在向上管理中极为常用。

做向上管理还需要我们敢于向领导提意见，这么做似乎有风险，所以方式方法非常重要。一个好用的方法是：肯定需求，调整方案。把领导的观点分成两个部分：需求和方案。这个方法的核心就是：针对方案部分提修改意见，不要轻易否定领导的需求。假设你是一家媒体公司的社交媒体主管。领导的需求是提高品牌在社交媒体上的影响力，并增加与用户的互动。他的具体方案是每天在主要社交媒体平台上发布 10 篇帖子。首先要肯定领导的需求——社交媒体对公司品牌确实极为重要，并列举出具体原因，同时强调公司保持每天在新媒体上发声的必要性。在这个基础上，提出方案的修订意见。告知领导，根据最近的实验结果，新媒体上的点赞量和评论量特别重要，会影响帖子的浏览量。如果想满足领导的底层需求，可以尝试从每天发布 10 篇帖子，转变为每天发布一篇高质量的帖子，并且在帖子发布后的一个小时内积极回应用户的评论和问题，这样更能提升公司的品牌形象。你还可以提议每周进行一次线上活动，比如问答、直播或者竞赛，以吸引更多用户的参与。如果能找到合理的沟通策略，那么管理者的观点并非不可改变。

做法 4：敢于争取

在职场中，有时候敢于争取才有机会。有句老话是"会哭的孩子有奶吃"，这句话并非全无道理。如果我们总是默默地做事而不敢争取，就会错失许多机会。在职场中，争取有很多形式，例如争取更好的薪资待遇，争取更好的职位和机会，以及争取更多的资源和支持，等等。直接争取涨薪或者晋升，确实压力很大，如果不想过于激进，导致不可收场，有一种重要的争取形式需要练习：争取资源和政策支持。有了资源和政策支持，就能做更大的事情，后续再争取就会容易很多，因为你的筹码变大了。

在争取资源时，有几个有效的策略需要注意，这些策略前文也有提到过：

1. 在大圈里画小圈：让自己的事情符合领导的整体规划。当自己的事情能够推动上级的工作时更容易得到支持。

2. 分阶段要，而不是一次性要：我们应避免一次性要求所有资源，而应建立一个分阶段的资源申请计划，这样领导才更易接受。例如，如果你预计未来需要新增100名员工，那么你应该首先申请增加10个职位，这样的策略更为现实可行，而且也能让你逐步改进管理方法，适应团队的扩大，从而降低失败风险。

3. 设定后续资源添加的标准：不要只是简单地提出要求，给出评价资源是否被有效利用的标准，并说明达到什么标准就可以增加资源。如果达到了这些标准，那么后续的资源申请就会变得更加顺利。还是以申请100个员工编制为例，可以尝试建立一个后续新增编制的评价标准，例如人均为公司带来的收益达到40万元，就可以新增员工。这样可以更清晰地展示资源的利用价值，让管理者更容易接受你的申请。

如果你是一名员工，学会争取资源，你的发展会变得更加顺利，个人战斗力也会更强。会争取资源的员工往往会得到更多的职业机会，因为他们的主动性和解决问题的能力能够让他们在竞争中脱颖而出。

你作为一名管理者,如果能够争取外部资源,团队就会更信任你的领导力。很多管理者只顾向内看,如跟踪任务进展,与团队成员交流,以及定期开周会。然而,这远远不够。一个优秀的管理者必须具备向外看的视野,积极与上级领导、其他部门同事、合作伙伴、供应商等外部人士交流,探究他们的资源情况,以及如何获得这些资源。

"敢",短短的一个字,却需要一生的修炼。只有在实践中不断磨砺,我们才能真正变得勇敢。勇气并不总是大声疾呼,有时候,勇气就是在一天结束时,轻声地说出:"我明天会再尝试。"

同时,我们也需要升级对勇敢的理解。很多人口口声声说"不敢",其实并不是因为胆量小,而是不想承担责任,害怕损失,他们把避免损失看得比增加收益重,甚至只盯着损失。不改变这种思维模式,就很难真正勇敢起来。勇敢是在看清损失的情况下,依然愿意为收益放手一搏。勇敢不是无所畏惧,愣头愣脑。勇敢的人也有担忧,但不会被这种担忧捆住手脚。有时我们要清醒地认识到:没有损失,也就没有收益。真正的选择背后都是放弃。所以真正勇敢的人不是没有恐惧,他们看到了损失,也会担心害怕,但是他们还是愿意勇敢地迈出一步,向新的可能发起冲击。有害怕、担心和恐惧时,不要认为自己不够勇敢,这是勇敢的附属品。就像那句话说的:如果从不害怕,就说明我们没有真正勇敢过。例如,有时候,争取资源可能会引来领导的批评，但如果能获得资源，长期看来，这是非常值得的。实际上，完成大事，有时需要接受批评，这是可以接受的损失。在职场上，最终看的是结果，过于保守虽然避免了被批评，但也限制了大的发展。

看得清收益，接受得了损失，这才是真正的勇敢。

心再大一些

人际勇气的第三个关键词是"心大"。想象你的心是一个筛子，如果筛子的孔洞特别细小，一个小小的沙粒都无法穿过，那么很多事都会成为烦心之事。如果孔洞大一些，哪怕是一些较大的石块，也能轻松穿过，那么烦恼就会少很多。筛眼越小，难受的事情就越多；筛眼越大，难受的事情就越少。太敏感的人痛苦多，就是这个道理。

要在职场中发展，就不能太敏感，要增强自己的"钝感"，别人认为的天大的难堪，在自己眼中都是过眼云烟，这样的人往往能走得更远。

乔布斯在一次访谈中分享道，他特别喜欢和聪明的人交往，因为不用考虑他们的尊严。聪明人更关注自己的成长，时刻保持开放的心态，而不是捍卫"面子"，不是想方设法证明"我没错"。真正聪明的人不只是智商高，他们的心很大，不会为琐事而烦恼。那些别人认为"丢脸"的事情，他们全然无感。正因为如此，他们能更专注于真正重要的事务，无须过度地照顾、安抚或鼓励，久而久之，他们就会成长为独当一面的大将。

要做心大的聪明人，心胸宽阔，脑子灵活，让自己充满韧性，充满钝感。

心态不佳是成功路上的绊脚石。其中"心小"，即过分在意那些微不足道的事情，是一个常见的问题。职场中真正值得追求的只有实实在在的成果，其他的都不必过于在意。然而，心小之人却在很多琐碎事情上过于执着。他们渴望鼓励、关注、安慰以及面子，这些无关痛痒的事情却左右了他们的心态。我在职场中遇到过不少这样的同事，三天不安慰他，不找他聊天，他就觉得天都要塌下来了，觉得自己不受重视，这样的沟通心态太脆弱，很难成大事。真正的动力应该来自事情本身，来自自己内心想达成结果的愿望，而不是别人的鼓励。别人鼓励是意外之喜，没有鼓励也在情理之中。这样反而不会轻易沮丧，也不会随便被别人左右心情。举个例子，如果要争取资源，心大之人争取之事多和结果达成有关，而不会因月度评优榜上自己的照片没有摆放在正中间而与人争执。

心大之人往往成长得更快。他们所求务实，直取重点，不把琐碎之事放在心上。由于这种特质，他们能够更从容地面对负面反馈和失败，专注于吸取经验教训，改善下一步的结果，而不是去争夺所谓的"面子"，或者与他人展开毫无意义的口舌之争。举例来说，当你花费了大量心思将繁杂的数据整理成一份精美的报告并做成图表，在会议上向同事们展示时，他们可能会直接指出"这个分析好像有点问题""你似乎没有考虑到可能的风险""盈亏平衡点是不是忽略了"。心胸宽大的人会迅速判断这些批评是否有根据,哪些部分可以改进,是否可以采纳这些意见,以使下一次的工作更出色。相反,心小之人则难以接受这种局面,会感到愤怒和沮丧,甚至会把会议变成一场无意义的辩论赛。心小之人会习惯性防御,当感觉自己的观点遭受质疑时,他们的第一反应不是思考,而是觉得别人在针对自己,自己必须反击。丘吉尔曾说过一句很有意思的话:起身直言需要勇气,坐下倾听也需要勇气。心胸宽大,才能静心去听取他人的建议,而不是着急反驳。

很多时候,心越大,人越勇敢。

准备最坏情况的方案

有时候劝人拥有人际勇气显得"不食人间烟火",每个人都有生活的压力,或许有一家人等待他们解决生存问题,他们想硬气也不具备条件。此时,想勇敢,又谈何容易?

拥有人际勇气的人并不是无所畏惧,他们心中有所害怕,但是有一点让他们与众不同,那就是他们预估了最差的局面,并找到了接受最差局面的方式,同时也知道自己该如何应对最差的局面。对于很多人来说,能接受和处理最差的局面才是勇气的来源。

我这些年见过不少创业者,发现真正在创业的时候有勇气的人，不是有梦想的人，而是那些梦碎了，创业失败了，却能够接受这个最惨局面，并做好心理准备的人。很多创业氛围浓厚的地区往往流传一句话：宁可睡地板，也要当老板。因为接受得了睡地板，才真正有勇气创业。

所以要想增加自己的人际勇气，一个重要的方法就是：提升自己，让自己能接受和处理最差的局面。

如果你在一个团队之中，情况极其糟糕，个人很憋屈，但又不敢得罪周围的人，这时该怎么办？在无力的时候一定要提升自己，当你有能力找到退路（例如可以再就业）时，你在这个团队里才能真正硬气起来。就好像谈判的时候，拥有其他选择的人往往能更坚定。

如果真的无法承受最坏的结果，倒也可以尝试勇敢地去面对问题，但要注意一点，那就是尝试做到能屈能伸。既能撕开面子，也要能够把撕开的面子重新"缝合"起来。

我们不得不承认，想拥有人际勇气，真的不是一件容易的事。

沟通学不是讨好学

在职场中，会说是一项必备技能。但是，很多人却误解了会说的真正含义，把会说变成了讨好，把高情商变成了善于奉承。沟通学不是讨好学。

过于自私自然是不好的，但需要注意的是过于讨好别人同样糟糕。如果只考虑自己的利益，不关心别人的需求，很难在团队中立足，也没有办法形成合作关系，自然做不了大事；但如果过于讨好别人，而不顾及自己的利益和情感，这种沟通也难以长期维持。表面上笑脸相迎，内心却极度压抑，这样，时间越长个人越扭曲，认知越失调。

好的沟通永远是双方共赢的。只有在沟通中找到双方利益的交集，并且能够达成共识，才能持久发展。好的沟通，不仅是利益上的共赢，也是情绪上的共赢。不能只是千方百计让他人满意，也要费尽心思让自己开心。因为共赢才能真正持久，少有人可以一直委曲求全，也少有人永远万般忍让。

沟通时要充分考虑别人的利益，建立合作关系；也要考虑好自己的利益，形成良性发展的状态。

沟通时要照顾别人的情绪，建立安全的对话氛围；也要考虑自己的情绪，不能过度压抑自己，需要说的话不能永远压在心底，表达自己需要人际勇气。

在这里，我要提醒大家，万不可把沟通变成讨好，你的开心同样重要，真诚希望你在共赢的道路上一骑绝尘，在开心的发展中行稳致远。

第五章

实战演练：多场景中灵活运用会说三角

如果一个方法只存在于你的头脑之中，它就还只是一个概念，只有当这个方法在切切实实改变着你的生活时，它才成为有用的知识。当你阅读至此，我真诚希望你能再进一步，除了记录笔记，更重要的是迈出实践的步伐。希望本章内容能在你的实践之路上尽一些绵薄之力。

三步运用法

阅读完本书后，需要将本书保留，作为后续设计对话的查询工具。设计对话时，需要拿出本书，按照以下三个步骤来操作。

1. 确定要素：根据场景需要，判断利益三角、内容三角和表达三角中的九大要素哪些与场景相关，明确后续发力的主要方向。九大要素指的就是三个三角形的九个顶点。

2.选择方法：根据明确的要素，确定每个要素涉及的具体方法，可以参看本书前面利益三角、内容三角和表达三角对应章节的内容，寻找与场景最匹配的方法有哪些。

3.结合自身：完成前两步后，已经有了具体的方法，接下来就需要结合自身情况，针对具体事项完成内容的准备。根据具体情境，加入个人特色内容，完成最终的对话准备。

接下来，我们将在不同场景中运用这三步法，由于在第三步中不同的人涉及的具体内容完全不同，所以各案例将主要围绕前两步展开。同时考虑到具体方法在前文已有详述，本章仅简要提及，部分内容稍做补充说明。最重要的是通过三步运用法，在不同场景中熟悉"会说三角"的具体运用。

工作汇报场景演练

第一步：确定要素

在工作汇报中，核心要素有四个，分别是他人利益、吸引抬头、赢得点头和清晰简洁。并不是其他要素在汇报时完全没有机会应用，只是这四个要素在日常汇报中应用频率更高，建议重点关注。在后续的场景演练中也是如此，会选择部分核心要素进行阐述。

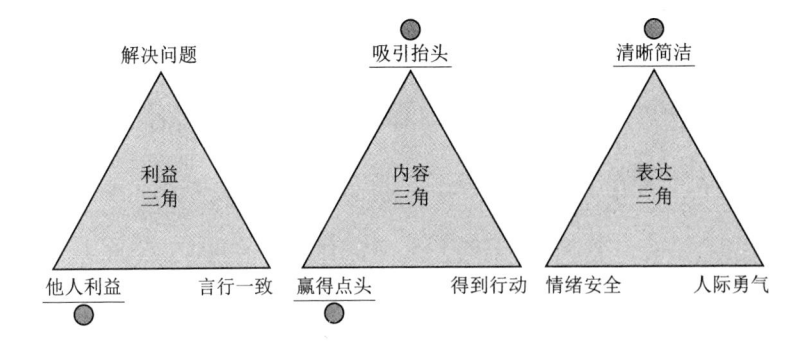

利益三角：解决问题 — 他人利益 — 言行一致

内容三角：吸引抬头 — 赢得点头 — 得到行动

表达三角：清晰简洁 — 情绪安全 — 人际勇气

工作汇报场景中的核心要素

核心要素	要素解读
他人利益	从他人利益角度讲，工作汇报的本质是"答疑"。一场成功的工作汇报应该能充分解答管理者内心的疑惑。了解管理者的疑惑，解答管理者的疑惑，这是工作汇报的核心任务
吸引抬头	做工作汇报时往往有多人同时向管理者进行汇报，需要主动进行设计，才能吸引管理者的注意力
赢得点头	要想在工作汇报结束时让管理者认可你的讲述，必须运用巧妙的、有针对性的方法来说服他
清晰简洁	清晰简洁是工作汇报中表达方面的核心要求。耗时要短一些，表达要明确，不啰嗦，真正做到干练、有力、快刀斩乱麻。对应的幻灯片也要做到清晰简洁

第二步：选择方法

关注他人利益的方法

方法1：解答疑惑

在整理汇报内容前，需要先写下管理者此次可能存在的疑问，并整理出一个列表。

第五章 实战演练：多场景中灵活运用会说三角　253

假定你发起了一个新项目,马上要进行第一轮工作汇报。新项目汇报可能要着重关注以下疑惑。

工作价值:是否有高价值的工作成果或突出业绩?

工作优势:与其他同类型工作或竞品相比,是否具有优势?

可信程度:汇报中是否提供了可靠的数据和分析来支持结论?

这些疑惑本质上是在衡量这个项目是否有价值,你是否有能力完成该项目。

方法2:养成记录习惯

平时需要用文字记录管理者的常见关心点。在汇报前需要进行查看,方便自己有针对性地进行准备。如果平时与自己打交道的管理者有好几个,可以为每一个管理者建立一个记录文档。

方法3:创造很多"不存在"的对话

汇报前与管理者进行沟通,询问关于自己的工作,对方想了解的要点有哪些。也可以寻找部门有经验的同事进行咨询,方便自己找到工作汇报的要点。

吸引抬头的方法

方法1:三个先讲

"三个先讲"就是:先讲对别人的价值,先讲最重要的事,先讲结论或结果。

例如,根据三个先讲的原则,下面展示的版本 1 的汇报开篇词应该修改为版本 2 的内容。版本 2 中的画线处就是在开篇讲出了最重要的事情。

版本 1:各位领导好,非常荣幸今天有机会代表项目组给各位领导做汇报。首先,我向各位领导介绍一下整个项目的背景。这个项目在两年前开启,当时……

版本 2:各位领导好,非常荣幸今天有机会代表项目组给各位领导做汇报。我的汇报分为三部分。<u>第一部分我将回答一个核心问题:新项目如何在 187 天内实现业绩三连跳,最终达到 1800 万元。</u>

方法 2:抽象变直观

"抽象变直观"就是多用实物、视频、图示等直观的方式来展示信息,如果只能使用文字也尽量使描述更直观。

上述版本 2 的开场做到了"三个先讲",如果加入"抽象变直观"的方法,还可以进一步修订为版本 3。画线处内容为新增的"抽象变直观"的板块。

版本 3:各位领导好,非常荣幸今天有机会代表项目组给各位领导做汇报。第一部分我将回答一个核心问题:新项目如何在 187 天内实现业绩三连跳,最终达到 1800 万元。<u>先请各位领导观看一个 30 秒的视频,了解新项目在发展的 187 天里整个业绩发展情况和对应的里程碑。(视频中有一条昂扬向上的曲线,配合当时项目进展的照片,展示了新项目的快速发展。)</u>

赢得点头的方法

方法1：符合对方的利益和决策偏好

需要翻看本书第三章，根据"方法1：符合对方的利益和决策偏好"部分的内容列出管理者的决策偏好。同时将"决策偏好"和前文提到的"疑惑"结合起来分析。

方法2：有坚实的证据

在做工作汇报时一定要记住：极其缜密的逻辑远不如坚实的证据打动人。证据是说服人的筹码，也是人们做出判断时最直接的参考。大部分人做决策还是习惯用归纳法，而不是演绎法。强大的推理并不容易打动人，强大的证据最震撼人心。

下面这个工作汇报案例中，所有画线处的文字都是证据。

目前新项目发展前景好，后续可以增加投入。

客户留存率有保障。<u>新项目的产品已经推行12个月，新产品的客户留存率达到37%，高于原有产品19.3个百分点。</u>

试点城市表现达标。<u>在试点的三个城市中，新项目均达到270万元左右的营收，此表现与原有的核心产品最初的表现持平，</u>体现了该项目的营收潜力。

销售额增长率稳健。<u>新项目的销售额增长率在过去6个月内平均为12%，</u>连续增长的趋势表明新产品有望更快达到盈亏平衡。

方法 3：提前进行质疑演练

整理完汇报内容后，请从管理者角度进行"质疑"，并写下质疑的问题。根据质疑的问题对工作汇报内容进行再加工，直至"核心质疑"可以被解答。

实现清晰简洁的方法

在工作汇报场景中，清晰简洁涉及的重要方法有三个，分别是计时沟通、用思维导图梳理发言逻辑和制作清晰简洁的幻灯片。

方法 1：计时沟通

工作汇报前要进行专项演练，完整讲解汇报内容并做好计时，确保自己可以在规定时间内完成讲解，多一分钟都不要讲。

方法 2：用思维导图梳理发言逻辑

在制作汇报幻灯片之前，需要运用"会说三角"制作发言的思维导图。思维导图完成之前不要着急制作幻灯片，否则后续幻灯片的修改会耗费较多时间。

方法 3：制作清晰简洁的幻灯片

幻灯片的内容页面可以采用上下分区的方式安排。上方关键区放置页面中需要汇报的最能体现核心的一句话。例如"每日订单发货量从日均 1000 单提升到日均 10000 单"。在下方辅助区放入其他补充文字、数据或者图片等内容。

上方关键区文字要突出，字号要大，是给管理者看的核心结论。下方辅助区文字字号可以略小，供自己观看，方便自己熟悉讲解内容。

劝说上级改变主意场景演练

第一步：确定要素

如果想劝说上级改变主意，核心要素有四个，分别是解决问题、赢得点头、情绪安全和人际勇气。考虑到这个场景的特殊性，要素的排序需要微调，优先处理人际勇气和情绪安全。

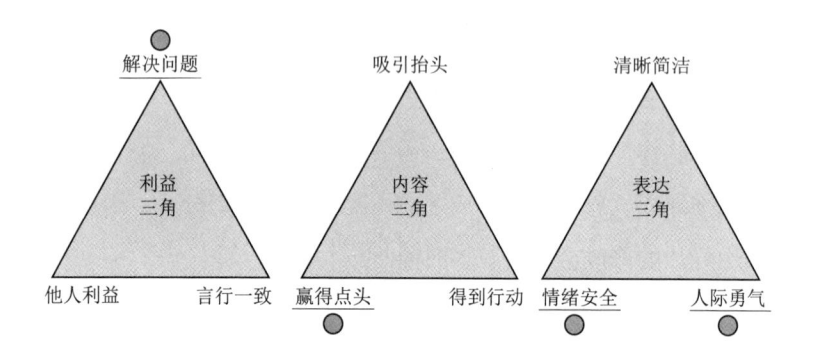

劝说上级改变主意场景中的核心要素

核心要素	要素解读
人际勇气	想劝说上级改变主意，首先个人要拥有人际勇气。拥有勇气的同时提醒自己要讲究方式方法

（续表）

核心要素	要素解读
情绪安全	劝说上级时要注意对方的情绪安全，不在对方情绪糟糕时劝说对方，要努力保障对方的情绪处在安全区
解决问题	一定要明确自己要解决的问题是什么，有了目标才不会在劝说的过程中乱了阵脚。方法可以灵活，但目标一定要明确
赢得点头	劝说上级必须得到对方的认同。需要根据对方的特点准备相应的说服内容

第二步：选择方法

拥有人际勇气的方法

方法：敢做向上管理

人际勇气的核心不是方法，而是个人的选择。面对上级最关键的是"把'敢'字记在心间"。要相信通过合理的策略可以影响上级的决定。勇敢的下属才能在上级心目中留下更深刻的印象。不要编造故事吓自己，认为只要提出了反对意见，上级就会记恨在心。上级没有那么脆弱，你自己也没有那么脆弱。

保障情绪安全的方法

方法：优先处理情绪，使用红绿灯法则

不要在上级情绪不佳的时候提出反对意见。挑选时机很重要，这个时候我们确实需要点"察言观色"的本事。尽量在上级情绪好的时候，巧妙地提出自己的修改意见。

想劝服上级改变主意不能硬碰硬。一旦察觉到上级情绪不佳,立刻调整沟通策略。一是停止沟通具体事情,转移话题。二是后续寻找合适的时机,与其一对一沟通。

我们需要拥有人际勇气,但是不能做人际莽夫。给上级提意见不代表说话要难听,一定要调整好说话的语气和内容,尝试做到"良药不苦口"。

解决问题的方法

方法:多轮对话解决大问题

劝说有时就是一场持久战,不要奢望谈一次就能使管理者改变观点。某些管理者不看好一个项目,若想劝其改变观点,可能需要半年。每做出一些成果就劝说一次,半年之内进行多轮。不要气馁,这是值得的,重大偏见一旦消除,后面的工作会顺利很多。

假设你是一个数据科学家,你认为机器学习可以在你们的产品开发中起到很重要的作用,但你的经理还对此持保留态度,你在劝说时可以采取以下步骤。

步骤1:将大问题拆分为小问题。

经理持保留态度的原因可能有以下几个方面:他可能不理解机器学习是什么,他可能不信任机器学习的结果,他可能担心成本过高或实施困难,他可能对机器学习带来的收益持怀疑态度。

步骤2：将问题进行分类。

有些小问题可以通过对话解决，有些小问题则需要采用其他方法解决。

某些小问题可以直接通过对话快速解决，例如解释机器学习的基本概念，向他展示其他公司如何利用机器学习取得了成功，并详细解释将机器学习应用到你们产品中的潜在收益。个别问题口说无凭，需要采取其他行动进行辅助。例如：对于实施困难或成本过高的问题，你可能需要进行小规模试点，收集资料，同时进行详细的数据分析来加以说明。

步骤3：一次对话只能解决一小部分问题。

每次申请的谈话时间不用长，内心要提前明确此次对话需要解决的小问题具体是什么。例如：第一次对话可能只会解决经理对机器学习概念的误解。一旦他理解了机器学习是什么，你就可以开始进一步解释它为何适用于你们的产品。

步骤4：解决多个小问题可能需要进行多次对话。

在对话中你可能需要多次解释并证明机器学习的有效性，以及它对产品有多大的影响。可能需要举例说明其他公司如何成功地使用了机器学习，或者需要提供一些初步的实证研究来支持你的观点。这可能需要多次会议、一对一沟通和邮件往来沟通。

过程中重要的是要保持耐心，不要期望上级会立即改变观点。但只要你坚持，继续向前推进，最终你会有机会说服他接受你的观点。

赢得点头的方法

这部分是劝说管理者改变主意的核心板块，很有可能需要多个方法并用，同时进行多轮对谈，才能最终达成目标。

方法1：符合对方的利益和决策偏好

我们想劝说管理者改变主意，往往是因为自己的想法和管理者有差异。此时，千万不要从自己的角度出发去劝说对方，反而更应该站在对方的立场想问题。一定要努力找到对方在意的利益点和决策偏好。自己提出的修订方案也必须符合对方的立场，这样你的建议更容易被管理者接受。

假设你是一个项目负责人，为了加快工期，希望能够将一个额外资源分配到项目中。但是，你的部门经理对此表示了反对。为了说服该领导改变主意，一定要了解对方在乎的利益和决策风格。

假定部门经理是一个非常注重预算的人，对额外的支出非常敏感，那么他的决策风格可能是更关注成本控制。那么说服对方时，就不应该只谈论加入额外资源对项目的好处，而应该从成本控制角度给出具体的核算分析，精细计算额外资源带来的附加成本、项目进度延期增加的成本。如果能证明额外资源成本小于项目延期成本，就找到了说服部门经理改变主意的钥匙。

有句玩笑话是：用魔法才能打败魔法。这句话其实不无道理，用管理者自己的"魔法"更容易说服管理者改变主意。

方法2：区分方案与需求

在说服上级改变主意时，这个方法的核心是：引导上级将自己的需求和方案分开，并努力让其意识到如果需求得到满足，方案可以有更多选择。如果这一点没有做到，通常管理者提出的具体工作方案很难改变。

假设你是一家科技公司的产品经理，你注意到最近设计的新产品在用户体验测试中得到了较低的评分。公司的首席产品官（CPO）一直坚持使用创新的交互设计来吸引用户，认为这是提高用户体验的关键。然而，从在用户体验测试中得到的反馈来看，用户似乎对这种创新的交互设计感到困惑，甚至在使用产品时遇到困难，这导致用户体验评分低下。这使你意识到应该改变产品设计方向，关注产品的易用性和可理解性。

第一步：不要着急提出修改意见，而是要确认上级的需求具体是什么。

通过询问和沟通，上级告知希望打造一款对客户有吸引力的产品。了解需求是说服上级改变的重要基础。

第二步：引导上级将个人需求和具体方案做区分，同时让其意识到满足需求有多个方案。

一种巧妙的做法是沟通时借助白板，在白板上画出左右两个区域，左侧代表需求区，右侧代表方案区。通过问询，在左侧一字不差地写上管理者的内心需求。通过这个动作让管理者意识到你在维护他的需求。在右侧写上备选方案，并列上目前的做法，同时在下面写下空白的 2、3、4。这个做法是在引导管理者意识到满足同一个需求有多种做法。

领导需求	备选方案
打造一款对客户有吸引力的产品	1.与众不同的交互设计 2. 3. 4.

第三步：尝试开始说服

如果前两步进展顺利，就可以正式启动说服工作了。不断强调满足这个需求我们还可以做什么，通过有效的引导，让管理者和自己一起想办法。这时改变就在悄然发生。

第一步和第二步是劝说管理者改变主意的核心。很多人在劝说管理者时容易掉进误区，以为核心是改变，其实精髓是另外两个字——维护。知道必须维护什么，才有能力改变一些决定。要学会维护管理者的利益、决策偏好和本质需求，只有这些得到了保障，劝说才有机会成功。

方法3：建立台阶，分阶段说服

如果对方并不是完全否定你的修订意见，只是有些担心，就可以尝试将你的新方案拆分成多个阶段执行，让第一阶段变得更容易接受。

方法4：让对方有选择的权利

管理者更喜欢自己做决定，可以满足管理者的这一诉求，提出多个修订方案，让管理者在这些方案中做选择。如果新的选择也是管理者做出的决定，管理者更容易接受修订。

方法 5：否定意见变为修改意见

如果管理者对自己提出的修订方案持否定意见，不要灰心，巧妙地把管理者的否定意见变为修订方案的修改意见，并在这些意见的基础上调整出一个新方案。

开展培训场景演练

第一步：确定要素

在职场中经常会面临要给其他人做培训的情景，管理者和优秀员工都可能遇到这种沟通情景，此时的核心要素有三个，分别是他人利益、吸引抬头和得到行动。

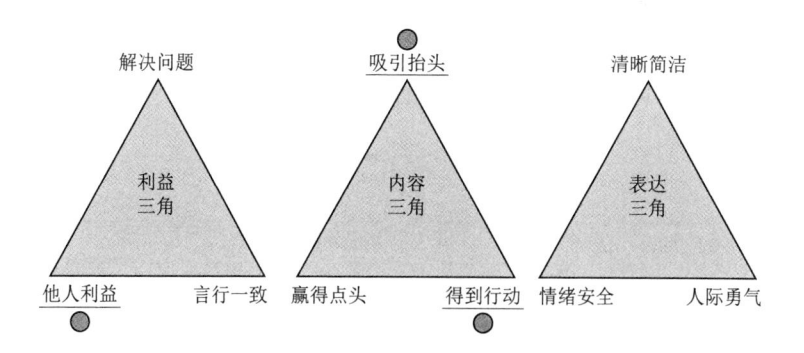

利益三角：解决问题、他人利益、言行一致

内容三角：吸引抬头、赢得点头、得到行动

表达三角：清晰简洁、情绪安全、人际勇气

开展培训场景中的核心要素

核心要素	要素解读
他人利益	好的培训能给别人带来明确的收获,培训前一定要明确听众此次得到的收获是什么
吸引抬头	培训通常是面对多人,此时吸引听众的注意力就变得很重要。让听众全身心投入培训,培训才能达到预期效果
得到行动	普通培训完成知识的传递,优秀的培训带来行动的改变。应该明确培训后听众产生的行为改变是什么,并在培训中进行有针对性的设计

第二步:选择方法

关注他人利益的方法

方法:巧用职场多元利益表

培训通常是为了满足人们的成长需求:获得新知识,培养新技能,得到反馈。最好能明确听众的收益具体是什么,这有利于后续的培训准备。

假定你是一名成熟的销售,上级需要你给销售团队做培训,目标是帮助他们提升销售技巧,更好地理解顾客需求,以及提高销售业绩。在整理具体培训内容之前,可以先通过列表的方式明确此次培训后听众的收益具体是什么。

收益类型	具体收益列表
获得新知识	• 销售心理学:通过了解消费者行为,销售人员可以了解消费者的需求,预测他们的决策,并据此制定策略 • 产品知识:销售人员需要对他们销售的产品有深入的了解,包括产品的功能、优点、竞品特点等

（续表）

收益类型	具体收益列表
培养新技能	• 演示技巧：销售人员需要学习如何有效地展示他们的产品，这包括如何进行有效的产品演示和提出有说服力的论点
得到反馈	• 业绩跟踪：通过跟踪销售人员的销售业绩，可以量化地看到他们的进步，这不仅可以用来评估培训的效果，也可以作为提供反馈和鼓励的方式 • 同行评议：销售人员可以观看其他销售人员的销售演示，并提供反馈。这种互动的方式可以增进团队协作，并提供多角度的反馈

吸引抬头的方法

方法1：先讲对别人的价值

在职场中做培训，开场时不要花里胡哨地吹嘘自己，否则很容易引起反感，即使听众不反感，也会提高他们的期待值，后续培训反而不容易达到预期。

每个人的工作时间都是宝贵的，在工作时间内进行的培训其实隐性成本很高，每个人也都很珍惜自己的时间，所以要及早将培训价值告知对方，价值越高，对方就会越感兴趣，参与培训也会越积极。

假定你接到一项培训任务，要给同事培训公司新上线的业务系统。常规开场就是告知大家今天要培训的是什么系统，有哪些新功能。这个做法并不明智。在同事眼中，系统这个词和自己关系较远。所以开场应该以"解决受训人的什么问题"为切入点，而不是以"系统功能"为切入点。可以尝试描述一个受众感同身受的痛苦场景，然后告知大家今天的培训就是为此提供解决之道，学习这个系统就能摆脱这种痛苦。

（1）从"系统"角度出发的开场是：各位销售同事好，今天我们要培训的内容是公司新上线的客户关系管理系统，这个系统意义重大，我们会就核心功能如何操作一一进行介绍，请大家认真学习。

（2）从"受众"角度出发的开场是：各位销售同仁在工作时经常会遇到一类特别烦人的事情：好不容易谈一个客户，还要手动记录客户的信息、跟进情况和销售进度等等。要是跟其他人对接工作，也特别麻烦，要在各种表格、笔记本和聊天记录中找资料，一不小心就会出错，还容易被别人指责，我自己就深受其害。如果各位同事也有类似的痛苦经历，想让自己从这种烦琐的工作中摆脱出来，让自己能投入到更有价值的工作中去，今天一定要认真参与进来，公司新上线的客户关系管理系统就是解决这个问题的办法。与其说今天大家要学习系统的操作，不如说我们一起给过去的低效工作找一个摆脱的方法。接下来，我们会用45分钟时间完成这个目标。

方法2：过程增加变化

优化培训过程并不复杂，这里提供一个简单好用的方法——交替进行法。优化培训过程有六个好方法，分别是：直观展示、听众参与、针对个人、有实战、有展示和有反馈。我们的策略就是：把讲解与这六个方法交替进行。培训过程好似一匹斑马，黑白条纹交替出现，黑色条纹代表个人讲解，白色条纹代表六个方法，只要黑白交替进行，这个培训过程的变化性就足够,受训人就不容易觉得枯燥,受训的体验会更好。这六个方法未必每次只使用一个,根据情况可以使用两个或三个。

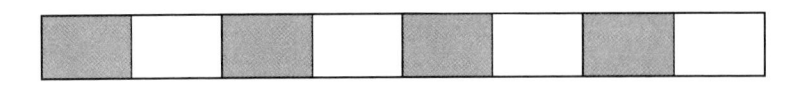

还是以前面提到的公司新主播培训为例,不能只是老主播在台上口若悬河,滔滔不绝,单一的讲解很容易增加听众的疲惫感。以"模仿行动"的学习为例,整个培训过程可以做如下安排,注意,画线部分均为制造变化的部分,与讲解交替进行。

1. 讲解:讲解先从"模仿"练起的必要性,同时介绍模仿练习的操作步骤。

2. 听众参与:让受训人现场用手机或电脑搜索对标账号。

3. 讲解:介绍如何进行录屏或视频下载。

4. 直观展示:现场直接打开电脑在大屏幕上演示整个操作过程。

5. 听众参与:现场受训人直接录屏对标账号内容,或下载对应视频。

6. 讲解:如何提取音频,并转化为文字。

7. 直观展示:现场直接打开电脑在大屏幕上演示整个操作过程。

8. 听众参与:受训人直接用电脑操作,将刚刚选取的视频片段转化为文稿。

9. 讲解：如何解构文稿，形成多个小段落，并标注各个段落的功能。

10. 听众参与：受训人现场要完成文稿的分析、解构和标注。

11. 有展示：受训人上台介绍自己的分析结果和思路。

12. 有反馈：培训人针对受训人提供的展示进行反馈，帮其纠正思路。

13. 讲解：介绍如何在他人已有文稿基础上，通过多次演练，形成具有自己风格的讲解，做到自然且流畅。

14. 有实战：受训人回去需要自己进行演练，真正动嘴说。

15. 有展示：受训人展示自己的"模仿讲品"成果，真实演示全部流程。

16. 有反馈：培训人针对整个讲品过程提供修改意见。

交替进行法可以有效避免培训过程过于单一，讲解过多的问题，设计培训流程也会变得更有章法，对大部分朋友来说比较容易上手。但是若想深度掌握，做到活学活用，还是要在日常工作中勤加实践，所谓实践出真知，多次实践才能灵活运用。

得到行动的方法

方法1：提前写下需要得到的行动

应该思考希望受众在培训中学会的具体行为是什么，提前写下需要得到的行动，制作"行动清单"。

我们还以上面提到的销售培训为例。在传统收益的基础上，我们需要列出此次培训后与受众相关的行动清单。清单参考如下。

了解消费者行动：销售人员可以观察并记录客户在谈论某个产品特性时的反应，并在之后的销售中突出这个特性，以引导消费者进行购买。

引导客户发言行动：销售人员可以学习并应用"倾听—理解—反馈"的沟通模式，在对话中给予客户更多的发言机会，更准确地理解客户需求，然后以符合客户需求的方式来回应。

产品解释行动：销售人员应在展示产品前，至少进行五次完整的产品描述练习，确保在向客户解释产品特性、优点和用途时流畅且准确。

运用销售策略行动：销售人员在谈判中，应准备一套包含三种可能的折扣选项的销售策略，依次提出，以引导客户进行购买。

收集反馈行动：销售人员在每次与客户进行交谈后，需要记录并总结客户的反馈，包括对产品的喜好、不满以及改进意见，并在每周的团队会议上分享这些反馈。

目标就是导航，有了导航路线更容易规划。有了行动清单和听众收益，培训就有了明确的目标。接下来，就可以综合思考整个培训必须涵盖的内容是什么，这时的内容筛选可以更加有的放矢。

方法2：微小的第一步

在明确微小的第一步之前，首先还是要明确培训后听众的行动清单。在行动清单基础上，筛选出可以操作的微小的第一步，引导听众在培训后快速行动起来，提升整体培训效果。

假定你所在的公司正在探索传统业务与直播的结合，你是公司中第一名成功转型的主播，目前业绩表现不错，你的上级安排你给新主播做培训。你为此次培训列举的行动清单如下。

模仿行动：新主播可以模仿一个优秀的讲品稿件进行流利讲解，并融入个人风格。

表情行动：新主播在镜头前可以保持长时间微笑，讲话时也可以尽量保持微笑。

台词行动：新主播可以按照五段法将讲稿拆分，每个段落单独设计提升，形成讲品文稿。

迭代行动：新主播可以根据运营临时提出的要求，现场迅速进行讲品内容的调整。

熟练行动：在直播前，能自行将公司产品完整讲解五遍以上，并实现完全脱稿，所有数据和信息完全正确，确保直播时的熟练度。

在所有学习中，模仿的难度是最低的，所以清单上将模仿行动作为新主播受训后开展的第一个行动，方便新主播上手，不容易形成畏惧感。

接下来就要考虑如果能帮助受训者更好地完成第一个行动，相关内容应该在培训中着重介绍，让受众能够从容地迈出第一步。

模仿行动要求新主播模仿一个优秀的讲品稿件进行流利讲

解，并融入个人风格。为了达到此要求，新主播需要用以下要素进行支撑。

搜索对标能力：能够找到适合自己风格的讲品片段。

视频处理能力：学会直播录屏或视频下载。

语音处理能力：会使用语音转文字的工具快速记录他人的讲品文稿。

文稿分段能力：会解构他人的讲品文稿，将长篇文稿分解为多个小段落，并明确每个段落的核心功能。

自然讲解能力：背诵他人文稿后自然讲出的能力。

用这样的方法，可以把各个行动所需的知识和技能全部列举出来。这样听众的收益和受训后的行动改变能更好地结合起来。在这些内容的指引下，培训会非常务实高效，能在职场中迅速产生效果。

接手新团队场景演练

第一步：确定要素

如果你成长为一名管理者，可能会面临接手新团队的情况。在这种沟通场景中，核心要素有四个，分别是情绪安全、他人利益、赢得点头、言行一致。接手新团队也是一个特殊的沟通场景，需要优先考虑对方的情绪安全。

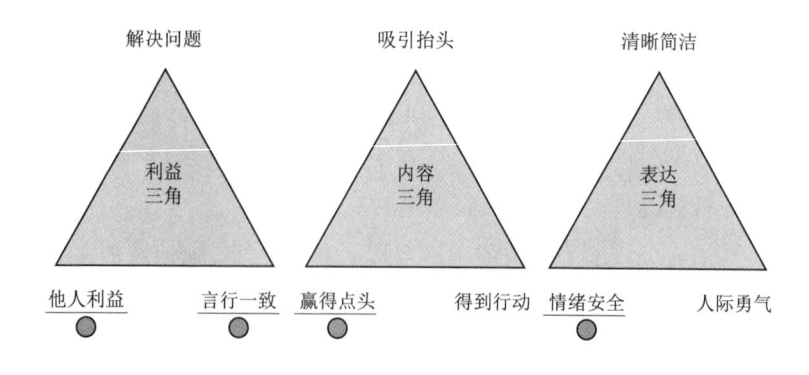

```
       解决问题              吸引抬头              清晰简洁
         /\                    /\                    /\
        /  \                  /  \                  /  \
       / 利 \                / 内 \                / 表 \
      / 益   \              / 容   \              / 达   \
     /  三   \            /  三   \            /  三   \
    /   角    \          /   角    \          /   角    \
   /_____\        /_____\        /_____\
他人利益   言行一致   赢得点头   得到行动   情绪安全   人际勇气
  ●         ●         ●                    ●
```

接手新团队场景中的核心要素

核心要素	要素解读
情绪安全	接手新团队后先不要着急推进工作，要先确保团队情绪稳定，避免团队抵触
他人利益	要充分考虑新团队的利益，不要在早期轻易触碰或影响他人的利益。此时的策略最好是先兴利、后除弊。先让大家得到新的好处，再慢慢调整团队中的不合理之处
赢得点头	在新团队中推进工作，需要认真思考如何赢得大家的点头，特别是核心成员的赞成票。这对后续的工作推进有着至关重要的影响
言行一致	新团队会通过你的行为来判断你的真正用意。言行一致在这个阶段非常重要，会极大影响你在新团队中的威信

第二步：选择方法

保障情绪安全的方法

方法1：积极倾听，改善对方情绪

接手新团队后要先花时间了解情况，与核心成员一一座谈，座谈时不要着急表态，表达个人观点，而应该虚心倾听。自己在充分了解情况后才真正有发言权。这时一定要耐住性子，践行四字箴言：少讲多听。

可以参考下面的一些做法。

安排私人会议：在接手新团队后的第一周，安排和每个核心成员进行30分钟至一个小时的一对一会议，目的是了解他们的角色、工作状况，以及他们对团队的期望等。

倾听并记录：在会议中，你的主要任务是倾听，记录他们的意见、问题、建议，以及关于团队的任何观察。现场记录能传达出自己在认真倾听的积极信号。

避免过早判断：即使某些意见与你的观点不一致，也要尽量避免在初次座谈时发表判断或发生争论，目标是打开对话的大门，了解他们的观点。

方法2：引导式提问，探索更多可能

将个人发言改为引导式提问，通过开放式问题让对方更多地表达，共同探索未来新可能。

一对一会议：当你接手新团队时，在与核心成员进行的一对一会议中，你可以提出如下的开放式问题。

- 你认为自己在团队中的角色是什么？
- 你希望通过这个角色实现哪些目标？
- 在你的职责中，有什么挑战？
- 在接下来的阶段，你觉得我能如何支持你？

与新团队原领导班子沟通：当你与团队的核心领导人员一起时，使用开放式问题可以帮助你了解他们对团队的看法和期望，此时可以提的开放式问题举例如下。

- 你们认为这个团队的核心价值是什么？
- 我作为新负责人做出哪些改变更能帮助到我们的团队？
- 你们觉得原有工作中，哪些事项非常棒，一定要延续好？
- 你们觉得我们团队未来的挑战和机会是什么？

个人发展会议：你可能会与每个核心成员讨论他们的个人职业发展规划。在此场景中，你可以提出如下的开放式问题。

- 你希望在接下来的一年（或其他时间段）中在职业发展上达到哪些目标？
- 你觉得我能如何帮助你实现这些目标？
- 你有什么特别想学习的知识或想提高的技能？

解决问题的会议：当团队遇到问题时，开放式引导问题可以帮助你引导团队找到解决方案，此时可以提的开放式问题举例如下。

- 你们认为我们应该如何解决这个问题？
- 你们觉得什么是我们遇到这个问题的主要原因？

- 你们有什么建议可以防止类似问题再次发生？

组织召开不同类型的沟通会议，并在沟通中充分运用开放式提问，这个策略可以让自己在接手新团队后减少沟通矛盾，也能让自己更好地评估各成员的思维和能力，这会为后续工作打下坚实的基础。

关注他人利益的方法

在接手新团队后，你可能急于证明自己，着急解决自己看到的各类问题，想通过这样的方式展示自己的管理能力，但这种做法可能会适得其反。草率行动可能会在不经意间伤害很多核心成员的利益，造成团队和自己不是一条心，为后续工作埋下隐患。

方法1：巧用职场多元利益表

接手新团队时要牢记六个字：先兴利，后除弊。要拿出职场多元利益表，仔细分析，特别是以下三类需求。

- 收益需求：获得金钱、升职晋级、获取资源、得到项目、赢得功劳、提高声誉；
- 情感需求：被重视、被接纳、被认可、被尊重、被关心；
- 安全需求：提高参与度、降低风险、减少委屈。

努力让新团队在上面三大需求上额外获得一些东西，而不是着急去做改变。一开始最好不要让新团队产生损失感，因为人们痛恨损失，谁带来损失，谁就是敌人。同时要努力帮助大家额外争取一些新利益，让大家意识到跟着你"有肉吃"。

假设你接手的是一个产品开发团队。首先，你可以借助职场多元利益表进行分析。例如，团队可能希望获取更多的资源和项目来提高他们的技术能力（收益需求）；同时，他们希望获得更多的认可和尊重，以证明他们的工作价值（情感需求）；而为了保证团队的稳定，他们也希望减少产品失败或项目延误带来的风险（安全需求）。

在这个基础上，你可以设计出一些具体的策略。比如，在资源分配方面，可以争取公司更多的投入，例如购买更好的开发工具或硬件设备，增加团队的研发预算，争取一笔预算超额奖金；在情感需求方面，可以定期举办团队建设活动，提供更多反馈和表扬，以增强团队的凝聚力和士气；在安全需求方面，在决策时提升对方的参与度，让对方提前对决策知情。这些利益保障行为能帮助你和团队更快地度过融合期。

作为新管理者，你要让大家看到你的到来有额外的好处，这样他们以后才能慢慢接受你提出的改变。如果一上来就大刀阔斧地改革，也不做沟通，很快就会形成两个阵营。即使空降一些自己的"亲信"来处理问题也会较为困难。

方法2："他人三问"——把别人的利益和自己的利益联结起来

自己的问题是一把锁，别人的问题恰恰是开锁的钥匙。要想办法通过解决团队的问题来解决自己想解决的问题。一定要把这个关系梳理得恰当。

假设你是新任的客服部门经理，你发现团队的士气比较低落，员工流失率较高，这是你想要解决的问题。但你并没有立即着手解决，也没有着急召开大会批评大家，而是决定先了解团队成员自身遇到的问题。

通过沟通，你发现许多团队成员反映他们感到压力过大，工作和生活之间难以平衡。因此，你决定采取一些措施来帮助员工处理工作压力，与团队协商后，推动了如下几个事项。

1. 将早9点必须打卡的制度更改为灵活打卡制度，晚上加班的员工第二天可以晚打卡。

2. 为加班员工增加了福利晚餐。

3. 提供压力管理的培训。

这些改变不仅解决了团队成员面临的问题，也改善了团队的氛围，从而降低了员工流失率，这也是你最初希望解决的问题。

新管理者不要贸然解决问题本身，不要在有人迟到时立刻在群里通告各团队上班打卡情况，这是非常笨拙的管理方法，很容易引起团队的反感。一定要充分了解情况，通过解决团队成员的问题来推动自己的工作。这样的新管理者更容易受到团队拥护。

赢得点头的方法

方法：与对方一起讨论

接手新团队后，为了促进管理团队的融合，让管理团队与自己站在一起，可以尝试不要直接宣布个人决定，而是与原有管理团队一起讨论。这是接手新团队时最容易赢得点头的沟通方式。一个有效的做法是成立联合决策委员会，将原有核心骨干纳入联合决策委员会，后续重要决定需要联合决策委员会联合讨论，达成一致后，再对团队宣布和实施。

说得直白一些，就是告诉团队，如果做决定，咱们一起做，所以大家对我不用太担心，你们都会参与到决策过程中，我很欢迎大家参与进来。

假设你是公司新上任的市场营销总监，接管了一个由7名部门经理带领的市场团队。团队成员已经在一起工作多年，彼此之间形成了良好的默契。然而，新任市场营销总监的到来，给团队带来了一种不确定性，他们不确定新上任的营销总监将会如何开展工作。

在这种情况下，接手新团队的第一步是让原有管理层与自己保持一致。联合决策委员会将是实现这一目标的有效工具，具体做法如下。

1. 成立联合决策委员会

- 邀请原有管理团队的7名部门经理，让他们了解联合决策委员会的目的是在市场营销方面为公司提供决策支持。

- 强调联合决策委员会的决策基于数据和分析，而不是个别领导的个人意见。

2. 确立联合决策委员会的运行机制

– 制定联合决策委员会的会议频率和时间表，如每周一次，时间为周五下午。

– 明确会议的参与者、议程以及决策流程，例如，所有部门经理都需要提交本周的关键业务问题，并对其他部门经理提出的问题提供解决方案。

3. 在联合决策委员会上展示专业能力

– 在会议上，你可以分享自己在市场营销领域的经验和知识，包括市场趋势分析、竞争对手分析以及产品定位等。

– 与原有管理团队讨论市场策略和执行计划，确保大家都明确各自的职责和目标。

4. 积极倾听并采纳意见

– 在会议上，请注意倾听原有管理团队的意见和建议，尊重他们的看法，并认真记录。

– 在会后，对这些意见和建议进行分析和评估，将合理的建议纳入你的决策中。

5. 定期向联合决策委员会汇报工作进展

– 在每周的联合决策委员会会议上，向大家汇报市场营销方面的进展和成果，让他们了解你的工作方向。

– 根据需要，邀请原有管理团队参与实际执行过程中的决策和监督，确保双方目标保持一致。

通过以上方法，你可以在接手新团队时，通过联合决策委员会让原有管理层与自己保持一致，共同推动公司的市场营销工作。

接手新团队可以改变思路，未必总要说服新团队接受自己的决策，可以尝试拉着新团队和自己一起做决策。大家一起做的决策，大家一起执行，这个方法简单有效。

保持言行一致的方法

方法：言行一致，通过赢得信任降低对话难度

管理者接手新团队后，团队成员会察言观"行"，他们会判断你的行为和言语是否一致。当两者不一致时，大家会选择相信行为，而不是你的言语。一旦这种情况出现，管理者说话的分量就会下降，长期来看对管理者的权威有损害。因此管理者要严格遵循之前提到的言行一致三原则，即：

1. 不能兑现的不要说。
2. 说过的话要做到"四到"：
   - 说过的要回顾到；
   - 说过的要执行到；
   - 说过的要检查到；
   - 说过的要考核到。
3. 做不到时要提前沟通。

接手新团队后，管理者要在多种重要场景中保持言行一致，

坚持以上的三大原则，请参看以下内容。

行为与在大会上的发言保持一致。在大会上的发言必须谨慎，不能做到的千万不要说，对于说出的内容必须信守承诺。最好记录下自己在大会上提出的要求和承诺，逐项落实。例如在全体大会上，作为新任管理者，你承诺不会带领空降团队来替换原有管理层，那么后续就要遵守这个承诺。有些新管理者开会时讲得头头是道，承诺会照顾好老团队的利益，会后就开始安排自己的老部下架空团队原管理层，这种言行不一的事情会引发强烈的敌对情绪，引发新任管理者的信任危机。

发布工作要求后必须落实检查。发布的要求必须检查，这样才能让团队意识到你对工作的要求是使命必达的，这个简单的行为会增加你话语的影响力。如果你对团队成员提出了一项新的工作要求，例如每周提交工作总结，那么，你需要在每周的固定时间点检查工作总结的提交情况。但你作为新任管理者，强制检查可能会引发不满情绪，一个聪明的做法是通过反馈来检查，即看对方提交的内容，并书写详细反馈，反馈得越及时、越具体，对方就会越重视此项工作。要学会用反馈代替检查，这样对方更容易接受。

新团队达成目标后必须兑现利益。假如在第一季度开始的时候，你对团队提出了一个新的目标，即销售额提升20%，你承诺，如果目标达成，团队成员将获得一个额外的团队旅行奖励。如果团队在季度结束时真的达成了销售目标，你需要积极地安排团队旅行，确保你的承诺得到兑现。

接手新团队时，由于信任尚未达成，言行一致具有"一票否决权"。即使你在其他方面都做得很好，每次大会发言都能鼓舞人心，几次言行不一致的事情也会让所有努力归零。

处理冲突场景演练

第一步：确定要素

要处理好个人与他人之间的冲突，核心要素有四个，分别是解决问题、他人利益、情绪安全和人际勇气。在冲突场景中，人际勇气和情绪安全也是要优先考虑的。

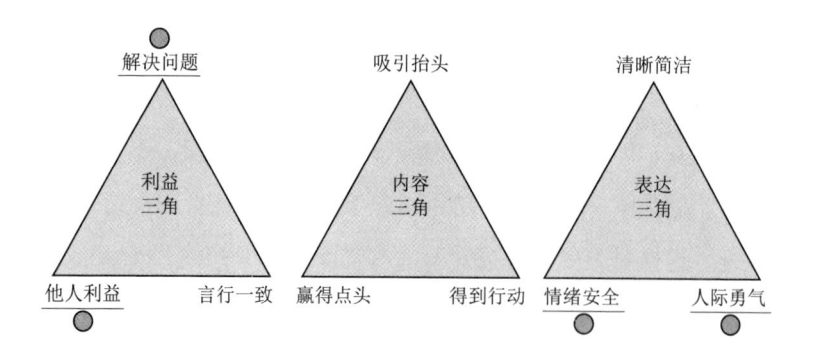

利益三角：解决问题、他人利益、言行一致

内容三角：吸引抬头、赢得点头、得到行动

表达三角：清晰简洁、情绪安全、人际勇气

核心要素	要素解读
人际勇气	面对冲突要勇敢，敢于处理也是工作能力的体现。同时要为最坏的结局准备好备选方案，如果连最坏的结局也有办法接受，解决冲突时就更容易获得人际勇气

（续表）

核心要素	要素解读
情绪安全	冲突出现后，对方情绪会较为激动，不要着急沟通具体事情，要优先处理对方的情绪，等对方情绪平复后，再开展后续对话
他人利益	冲突得越厉害越要记住他人的利益，这是缓解冲突的钥匙。在情绪激动的时候依然可以冷静下来分析他人的利益，这是成为沟通高手的必经考验
解决问题	发生冲突时要时刻记住自己的沟通目标，让解决问题战胜宣泄情绪。同时为了解决冲突，要想办法把个人目标和他人利益串联在一起。找到双方可以接受的共赢方式，冲突就能得到解决

第二步：选择方法

获得人际勇气的方法

在职场中不要惧怕冲突。在职场中想发展就避免不了冲突。如果你从来不会卷入任何冲突，也没有人与你争执，并不一定是因为你人缘好，而可能是因为你的位置还不重要，无法参与重要决定，不会影响到他人的利益。要推进事情总会影响到某些人的利益，"与冲突共舞"是做事者的必修课。

别人如果觉得你怕事，反而更容易欺负你，得寸进尺。有些人在职场中胆子过小，总是被别人批评或挖苦，时间长了，别人就养成了习惯，看见这样的人就想顺嘴说几句。不要让别人把挖苦你当成习惯。

做人是需要有骨气的。只不过有勇气和做莽夫是两个概念，想要处理冲突，既要有勇气，还要讲策略。两者并用，才能双剑合璧，发挥出最大的作用。

方法：准备最坏情况的方案

在处理冲突前，就要养成预估最坏情况的好习惯，同时要提前确定最坏情况到来时自己如何应对。如果这个时候你依然有出路，就能够真正鼓足勇气直面冲突。

假设你是一家公司的产品团队负责人，销售团队为了更好地售卖产品，总是在销售时向客户做过度承诺，宣传一些产品还未上线的功能和特性。消费者购买后经常给产品差评，或者直接退款。因为过度承诺的问题，产品团队和销售团队发生了激烈的争吵，销售团队坚持说要达成业绩目标需要产品团队做好自己的本职工作，不要给自己的失职找借口。产品团队则坚持认为销售团队为了销售产品不择手段，这些负面的反馈不能算到产品团队头上。双方争执不下。产品团队负责人面对这样的冲突，要有人际勇气。但是想要让自己真正拥有勇气，需要预估最差的局面，并为此准备预案，如果最差结果可以接受，在处理冲突时心态会更放松。

最差局面1——职位威胁：在销售团队负责人的渲染下，高层领导可能会对你的立场感到不满，并可能以能力不足为由撤换你的职位。

可能的预案：为了应对这种可能的情况，需要预先收集详尽的证据，包括团队的工作日志、任务进度报告，以及产品开发的计划和预期，用以证明自己团队的努力和产品的开发进度。同时，在面临这种情况时，也要计划寻找其他的就业或转职机会。

最差局面 2——对立升级：小范围的冲突可能升级为更广泛的部门之间的冲突，这将对整个公司的和谐氛围和生产力造成威胁。自己与销售负责人的矛盾可能会加剧，甚至最后不可调和。

可能的预案：为了防止这种情况的发生，首先，可以多次以个人名义邀请销售负责人吃饭，并就此问题与销售负责人深入沟通。其次，可以邀请第三方，如人力资源部门同事或高层领导，来协助调解，以确保冲突能在公平公正的情况下得以解决。

最差局面 3——高层妥协：高层也知道销售负责人这样做并不合适，但迫于完成年度收入目标的压力，还是选择力挺销售团队的做法。

可能的预案：为了防止这种情况发生，可能要深入进行收入方面的分析，将收入、退费、续费等放在一起综合测算，让高层看到这样做最后并没有增加整体收入，只是在短期内销售额增加了，但最终这些钱又吐了出去。

如果最差局面预估得完善，自己也做了充分的预案，自然会更有勇气，能接受最差的局面的人更有勇气处理问题。

保障情绪安全的方法

方法：不要被对方的情绪牵着走

冲突有一个特别的地方，就是沟通时双方的情绪往往比平时更为激动。冲突很多时候都是在情绪激动的情况下进行的，人在冲突中很容易产生很多应激反应，这些应激反应多是意气用事。在冲突中谁能先摆脱应激反应，谁就能慢慢掌握沟通的主动权。做一个形象的比喻就是不要被情绪这头大象带着横冲直撞，否则很容易造成不必要的损失。

一个巧妙的做法就是坚持把对方的话翻译成自己的"旁观者总结"。不要一句一句分析对方说的话，这样做非常容易找到生气点，直接争吵起来。"旁观者总结"是不管对方说什么，都只总结为这是对方的情绪表现而已。说白了，就是忘掉对方说的具体内容，不管多么过分，都不放在心里，只是用这些话来说明对方现在非常愤怒，正在用过激的方式进行表达，而且对方表达时并没有深思熟虑，只是脱口而出。这种旁观者心态能让我们从争吵中抽离出来。

对方说的话	旁观者总结
你这个人简直不可理喻！	昨天的事情让他很生气
你这个人太自私了，你怎么能这样？	
以后我再也不会与你合作了，你就是一个卑鄙无耻的小人！	

以上面表格中的冲突处理为例，常规做法是在冲突中针对第一列的内容进行争辩，往往越争情绪越激动。而聪明的人会用旁观者心态将左侧对方说的各种话语总结为：昨天的事情让他很生气。此时就能冷静地意识到他说的所有话不过是在表明自己的生气程度而已。冷静的思考能让我们不被对方的情绪牵着走，这样就不会激化矛盾。

冲突中，双方的情绪都很激动，这时最重要的就是不要被对方的情绪牵着走。在冲突中，谁被情绪占据了头脑，谁就更容易出昏招。

关注他人利益的方法

方法：冲突时不忘他人利益

越在冲突的时候，越要保持冷静，要时时刻刻想着对方的利益是什么。能在冲突中保持冷静的才是真正的对话高手。

假设你是一家IT公司的项目经理，开会时和开发负责人李华在关于项目进度的问题上产生了激烈的冲突。你坚持认为应该加快开发进度以满足客户的期望，而李华则认为需要投入更多的时间来保证产品的质量。

冲突的现场，你和李华都显得异常激动，沟通转变为争吵，这时，释放情绪就变成了沟通中双方关注的重点。双方你一句我一句，情绪就踩着这些话攀上了高点。

这个时候如果你能在愤怒之外保留一丝理智，你的冲突处理能力就会大增。此时要在心中劝说自己：与其跟对方斗气，不如分析对方的利益是什么，满足利益才是解决冲突的关键，不能用愤怒的话语进一步激怒对方。

李华作为开发负责人，肯定不希望发布一个充满问题的产品，因为这会影响他的职业声誉和团队士气。

在对李华的立场和利益进行了深思熟虑后，你需要把你的理解告知对方，同时让对方明白：无论咱俩争吵得多么厉害，我依然在乎你的利益，我希望咱们商讨出的方案能符合你的利益诉求。这样的沟通会帮助李华平复自己的情绪。但此时仍然不是解决问题的最佳时机，你可以再约一个时间与李华做一对一沟通，这会避免双方在情绪激动时讨论具体问题。过了一段时间后，李华的情绪平复了，双方就可以讨论共赢的解决方案了。

最后双方达成一致：为了在满足客户期望的同时保证产品质量，你们可以将项目分成多个阶段发布。在第一阶段，可以发布一个以核心功能为主的基础版本来满足客户的基本需求，随后在后续阶段逐步推出功能更多的版本。

这个方案实际上考虑了李华的利益——保证产品质量，也兼顾了你希望满足客户期待的立场。尽管之前的冲突很激烈，但冷静思考和精准预测让你成功地提出了一个解决方案，最终化解了冲突。

多观察一下职场中的冲突不难发现，凡是那些解决不了的冲突，都是因为双方皆不考虑对方的利益。冲突最后变为死结，自然处理不了。

发生冲突时还可以结合职场多元利益表找到此次冲突中对方最在意的利益点是什么。找到利益点，我们就能找到解决冲突的办法。

解决问题的方法

方法：将需要解决的问题具体化

在发生冲突时，这一点是很难做到的。冲突时，自己情绪也很激动，就容易忘记对话的目的。本来是来解决问题的，最后变成情绪的宣泄。

激动的时候问问自己：我原本要解决的问题是什么？

激动之时，冷静地回答这个问题可以带来以下几个好处。

1. 越能想到自己的问题，就越能把自己从情绪的泥潭中拉出来，让自己意识到我是来处理问题的，不是来吵架的。

2. 能想到自己要解决的问题，才有机会把问题描述得具体。问题描述得越具体，后续就越容易解决。

3. 向对方表明自己期待解决的具体问题是什么，通过这样的告知帮助对方摆脱情绪的控制。因为一旦双方在讨论具体的问题，就更容易做到谈事不伤人。

假设你是一家西餐厅的经理，你注意到一位年轻的服务员乐乐在晚高峰时段总是显得思路比较混乱，尤其在处理多个桌面订单时，经常犯错误，如将食物送到错误的桌子上，或是忘记某些饮料的订单。一次，在她将一份海鲜意大利面送到点牛排的顾客那里后，你在厨房中对乐乐发了火，责备她做事情不动脑子，效率低下。然而，这种责备并没有帮助乐乐提高效率，反而让她感到尴尬和恐惧，场面一度陷入尴尬。如果此时一味加重责备，只会增加双方的冲突等级。

此时你如果能意识到愤怒并不能解决问题，就可以把自己抽离出来，重新审视问题，并将其具体化：乐乐在高峰时段服务效率低的问题实际上源于两个方面，一是同时处理多个任务的能力不足，尤其容易在处理多个桌面订单时出现混乱的情况，二是她在记忆订单和正确处理订单上存在困难。接下来，你需要先安抚乐乐的情绪，然后与乐乐一对一分析具体要解决的问题，并与之一起构思解决方案。在谈话中，你需要平静地描述你要解决的具体问题，并以诚恳的语气告知对方："乐乐，我注意到在高峰时段，你经常在处理多个桌面订单时出现混乱，比如将食物送错桌，或者忘记某些饮料订单。我想和你一起来解决这个问题。"乐乐起初会因为你的责备而变得情绪焦躁，但是当面对具体的问题时，她的思考也会变得更加冷静。接下来，你可以帮助对方一起来解决问题，例如你可以告诉乐乐："我认为这可能是我们需要改进的两个主要方面，一是如何有效管理多个任务，二是如何准确无误地处理订单。"

为了解决这些具体问题，你们一起提出了以下行动方案。

1. 关于多任务管理：你提议乐乐使用一个简单的便笺系统，为每一桌的订单标注一个序号，并将其放在清晰可见的地方。这样，乐乐就能更好地追踪她需要服务的每一桌。

2. 关于订单处理的准确性：你提议乐乐在接收订单后立即检查一遍，确保没有漏掉任何一个菜品或饮料。如果遇到不确定的地方，应立即向顾客确认，以防误会。

3. 关于压力管理：你建议乐乐在高峰时段尽可能地提前准备，比如在开餐前先整理好餐桌、确保餐具足够等。同时，你也鼓励乐乐在感到压力大的时候向自己或其他同事寻求帮助。

这些都是简单易行的行动，可以帮助乐乐在高峰时段更好地管理她的工作，并避免出错。

当问题变得具体，解决问题的行动变得简单易行时，情绪冲突才能转化为具体事项的解决，这能让双方从情绪对立中解放出来，有利于化解冲突。

至此，本书已经到了尾声。最后，还想跟读者朋友分享几个关键词，你我共勉。

第一个关键词是"真诚但不冒失"。

永远不要低估真诚的力量。我见过太多伶牙俐齿，但总让人感觉不安心的人，那些美妙的词汇从他们口中涌出，却入不了人心。人们不信某些话，最终其实还是不信这个人。真正的好话出自真心，出自真诚地替别人考虑，这一点没有任何技巧可以替代。但真诚并不代表可以冒失，真诚不代表良药必须苦口。对人好，话真诚，但态度可以温和坚定，未必咄咄逼人。做好人不耽误说好话，二者兼备，会走得更长远。

第二个关键词是"先量变再质变"。

纸上得来终觉浅，绝知此事要躬行。身处职场，要把每次沟通当作一个"训练项目"，参加一次会议就当自己走入了"口才健身房"。把握好点点滴滴的实践机遇，运用所学，稍加改变，个人的能力就能不断变强。我们常讲"质量"一词，可对于我们这些普通人来说"量质"或许是一种更现实的说法。做到一定量，才会有质的变化。比如，很多摄影师能拿出很棒的照片，但很少有人能看到他们拍过多少张照片，那些很棒的照片是从多大的基数中挑选出来的。除了"量"，实践中还要做到不贪，不要指望一次实践就能运用书中所有的方法，也不要指望自己短期就能达到运用自如的境界。一次练好一个方法已是大进步。所有的成长都需要日积月累，而不是一蹴而就的，"戒贪"能让我们心态平和，同时更加务实，进而帮助我们坚持下去。

第三个关键词是"先僵化再变化"。

运用一个方法不能死板，脑子需要灵活一些。你可以只选取"会说三角"的部分内容使用，也可以将其作为一个体系整体运用；你可以使用书中已经提及的方法，也可以根据个人习惯将新方法加入其中；你可以遵循"会说三角"的方法体系，也可以根据个人习惯和工作场景进行有针对性的灵活处理。这样才能让"会说三角"在自己的工作生活中发挥更大的作用。

不过在灵活应用之前，建议把握一个小原则：先僵化再变化。先不着急创新，而是踏踏实实实践书中已经提及的内容，增加使用频次。使用频次增加后，个人的灵活应用能力就会逐步提升。过半年左右，个人就可以应用得更灵活，甚至对方法进行改良和优化，建立属于自己的沟通方法。

第四个关键词是"越大越善良"。

人人都要保有善良之心，这种善良之心将会是我们自己生命中的光。有了这一点善良，我们才能真正在乎别人，才能真正去实现共赢。如果说"会说三角"是对话的招式，那么善良就是对话的内功。沟通不是为了获胜，而是为了创造共赢。记住这一点，本书的所有内容才真正有用武之地。

可惜的是，有时候人越大，就越容易失去关心别人的能力。

我想起唐不遇在诗歌《第一祈祷词》中写下的话，每每看到，都会凝视内心，反思自己。

> 世界上有无数的祷词，
> 都不如我四岁女儿的祷词，
> 那么无私，善良，
> 她跪下，
> 对那在烟雾缭绕中微闭着双眼的观世音说：
> 菩萨，祝你身体健康。

真正的友善是认真考虑别人的利益。把别人的利益分析好，照顾好，在追逐个人利益时依然想着共赢，在我心中，这是一种可以持续的善良，也是沟通的奥义所在。特别是在面对利益冲突时，你若依然能想着共赢，便成了高手中的高手，以前看过一句话，说得很好："利益冲突最能检验一段关系，它既可以使人们的关系更加紧密，也可以使它出现裂痕。"

希望各位朋友都能成为善良的沟通高手。

祝福你。